Arzt / Holm (Hrsg.)

Walter Schwery

Das Böse oder die Versöhnung mit dem Dunklen Bruder

STUDIENREIHE ZUR
ANALYTISCHEN PSYCHOLOGIE

Herausgegeben von

Thomas Arzt, Axel Holm

Band 2

Walter Schwery

Das Böse oder die Versöhnung mit dem Dunklen Bruder

Herausgegeben von
Thomas Arzt, Axel Holm

Königshausen & Neumann

Bibliografische Information der Deutschen Bibliothek

Die Deutsche Bibliothek verzeichnet diese Publikation in der Deutschen Nationalbibliografie; detaillierte bibliografische Daten sind im Internet über <http://dnb.ddb.de> abrufbar.

Gedruckt auf säurefreiem, alterungsbeständigem Papier
Umschlag: Hummel / Lang, Würzburg
Umschlagabbildung: Vajrapani - Wrathful Form

Printed in Germany
ISBN 978-3-8260-3718-4
www.koenigshausen-neumann.de
www.buchhandel.de
www.buchkatalog.de

Carl Gustav Jung

26. Juli 1875 – 6. Juni 1961

Inhaltsverzeichnis

Vorwort

Zugleich mit Sorge, Angst und Schmerz über die Bösartigkeit von mehr oder weniger globalen Prozessen – dem Terrorismus und der Kriege, den Drohungen der Rüstung bis zum *overkill* – erfahren wir auch eigene destruktive Impulse, die aus unserer Seele kommen, und die zu Handlungen führen, die wir bereuen. Wir verletzen auch unbewußt andere.

Ganz global und zugleich ganz individuell stellt sich also das Problem des Bösen. Und gerade unsere teils unbewußt entstandenen destruktiven Handlungen werfen Fragen auf, die uns besonders betreffen. C. G. Jung hat diesen Seelen-Anteil, der dabei wirkt, den „Schatten" genannt.

„Der erste Schritt auf dem Weg, den Jung als Individuationsprozeß beschreibt, ist die Unterscheidung zwischen uns selber und dem Schatten als eines autonomen Inhaltes unserer Psyche. Dessen Anerkennung und die Versöhnung mit diesem ‚Dunklen Bruder' in uns fordert (...) ein außerordentliches Maß an Mut, Ehrlichkeit, Geduld und Ausdauer", so der Schweizer Analytiker Walter Schwery.

In den Religionen und ihrer Geschichte zeigt er uns, daß das Böse ein universell menschliches Problem ist, global und seit jeher. Es ist ein archetypisches Geschehen. Dieser archetypischen Wurzel wegen, die sich als autonome Kraft im Menschen zeigt, dürfen wir überhaupt von „dem Bösen" reden.

Religionen hatten auch immer Antworten auf das Problem. Schwery findet in ihnen Elemente, die auch in der Moderne Ansätze zu einer Lösung bieten – der bewußten Wandlung und Integration des Bösen, durch Überwindung der Dualität. Auch deshalb ist der Rückblick in die Religionsgeschichte so bedeutsam.

Doch ist in der Moderne das Problem nicht mehr in die Hand der Gottheit allein gelegt. Der Prozeß der Individuation und seine „neue Ethik" (Erich Neumann) werden zum Thema, weil die kollektiven Wertordnungen an Verbindlichkeit verlieren. Religiöse Gebote und der soziale Anstand schwinden in ihrer Regulierungskraft. Es gibt in der Moderne ethische Entscheidungen, für die diese Ordnungen keinen Rückhalt bieten, denken wir nur an die „Banalität des Bösen". Destruktion und Dehumanisierung gehen Hand in Hand und sind nie so umfassend möglich gewesen wie in unserer Zeit.

Hier vom „Dunklen Bruder“ sprechen zu können, ist nun ein auch humanisierender Ansatz, der unseren seelischen Möglichkeiten eingeschrieben zu sein scheint. Wege zur Versöhnung zu suchen, das ist Walter Schwerys Projekt.

Die Herausgeber danken Herrn Bernward Thiel für die ausführlichen Abschlußarbeiten am vorliegenden Manuskript.

Freiburg, im Frühjahr 2007 Thomas Arzt, Axel Holm

Das Böse oder die Versöhnung mit dem Dunklen Bruder

Aber schweig und laß das Gekläff von Gott
Meister Eckhart

Einleitung

In seinem Buch *Erinnerungen, Träume, Gedanken* erzählt C. G. Jung von einer Vision, die ihn im Tiefsten erschütterte. Sie bewirkte eine Wende in seinem Leben, nämlich die Erkenntnis, daß Gott nicht nur das *summum bonum* sein kann, sondern auch einen Schatten haben muß. Dieses Thema beschäftigte Jung Zeit seines Lebens:

An einem schönen Sommertag desselben Jahres (1887) kam ich mittags aus der Schule und ging auf den Münsterplatz. Der Himmel war herrlich blau, und es war strahlender Sonnenschein. Das Dach des Münsters glitzerte im Licht, und die Sonne spiegelte sich in den neuen, buntglasierten Ziegeln. Ich war überwältigt von der Schönheit dieses Anblicks und dachte: ‚Die Welt ist schön und die Kirche ist schön, und Gott hat das alles geschaffen und sitzt darüber, weit oben im blauen Himmel, auf einem goldenen Thron und –' Hier kam ein Loch und ein erstickendes Gefühl. Ich war wie gelähmt und wußte nur: Jetzt nicht weiterdenken! Es kommt etwas Furchtbares, das ich nicht denken will, in dessen Nähe ich überhaupt nicht kommen darf. Warum nicht? Weil du die größte Sünde begehen würdest. Was ist die größte Sünde? Mord? Nein, das kann es nicht sein. Die größte Sünde ist die wider den Heiligen Geist, die wird nicht vergeben. Wer sie begeht, ist auf ewig in die Hölle verdammt. Das wäre doch für meine Eltern traurig, wenn ihr einziger Sohn, an dem sie so sehr hängen, der ewigen Verdammnis anheimfiele. Das kann ich meinen Eltern nicht antun. Ich darf auf keinen Falle weiter daran denken![1]

Weiter erzählt Jung, daß seine Qual so groß wurde, „daß ich nicht mehr wußte, was tun. Ich war aus unruhigem Schlaf erwacht und ertappte mich gerade noch dabei, wieder ans Münster und an den lieben Gott zu denken. Beinahe hätte ich weiter gedacht! Ich fühlte, daß meine Widerstandskräfte nachließen. Ich schwitzte vor Angst und setzte mich im Bett auf, um den Schlaf abzuschütteln: Jetzt kommt es, jetzt gilt es ernst! *Ich muß denken*. Das muß zuvor ausgedacht werden. Warum soll ich das denken, was ich nicht weiß? Ich will es bei Gott nicht, das steht fest. Aber wer will es? Wer will mich zwingen, etwas zu denken, das ich nicht weiß und nicht will? Woher kommt dieser furchtbare Wille? Und warum sollte gerade ich ihm unterworfen sein? Ich habe mit Lob und Preis an den Schöpfer dieser schönen Welt gedacht, ich war ihm dankbar für dieses unermeßliche Geschenk, und warum sollte gerade ich etwas unvorstellbar Böses denken?“ Aber dann kam Jung der – wie er sagte – entscheidende Gedanke:

Adam und Eva sind die ersten Menschen; sie hatten keine Eltern, sondern sind von Gott direkt und absichtlich so geschaffen worden, wie sie waren. Sie hatten keine Wahl, sondern mußten so sein, wie sie Gott geschaffen hatte. Sie wußten ja gar nicht, wie sie hätten anders sein können. Sie waren vollkommene Geschöpfe Gottes, denn Er schafft nur Vollkommenes, und doch haben sie die erste Sünde begangen, weil sie taten, was Gott nicht wollte. Wieso war das möglich? Sie hätten es gar nicht tun können, wenn Gott die Möglichkeit nicht in sie gelegt hätte. Das geht ja auch hervor aus der Schlange, die Gott schon vor ihnen geschaffen hatte, offenbar zu dem Zwecke, daß sie Adam und Eva überreden sollte. Gott in seiner Allwissenheit hat alles so angeordnet, daß die ersten Eltern die Sünde begehen mußten. *Es war also die Absicht Gottes, daß sie sündigen mußten.*

Dieser Gedanke befreite mich auf der Stelle von meiner ärgsten Qual, denn ich wußte nun, daß Gott selber mich in diesen Zustand gebracht hatte.[2]

C. G. Jung faßte deshalb allen Mut zusammen und wie wenn er in das Höllenfeuer zu springen hätte, ließ er den Gedanken kommen:

Vor meinen Augen stand das schöne Münster, darüber der blaue Himmel, Gott sitzt auf goldenem Thron, hoch über der Welt, und unter dem Thron fällt ein ungeheures Exkrement auf das neue bunte Kirchendach, zerschmettert es und bricht die Kirchenwände auseinander.

Das war es also. Ich spürte eine ungeheure Erleichterung und eine unbeschreibliche Erlösung. An Stelle der erwarteten Verdammnis war Gnade über mich gekommen und damit eine unaussprechliche Seligkeit, wie ich sie nie gekannt hatte. Ich weinte vor Glück und Dankbarkeit, daß sich mir Weisheit und Güte Gottes enthüllt hatten, nachdem ich Seiner unerbittlichen Strenge erlegen war. Das gab mir das Gefühl, eine Erleuchtung erlebt zu haben.[3]

„Damals“, schrieb Jung, „hat meine eigentliche Verantwortlichkeit begonnen. Der Gedanke, den ich denken mußte, war mir schrecklich, und mit ihm erwachte die Ahnung, daß Gott etwas Furchtbares sein könnte. Es war ein furchtbares Geheimnis, das ich erlebt hatte, und es bedeutete für mich eine angstvolle und dunkle Angelegenheit. Sie überschattete mein Leben, und ich wurde sehr nachdenklich."

Mit diesem Erlebnis wurde Jung mit der Urtatsache konfrontiert, daß mit dem Menschsein auch das Böse mitgegeben ist. Zu allen Zeiten, in allen Kulturen und Religionen war deshalb die Frage nach dem Ursprung und dem Sinn des Bösen und damit des Leidens ein zentrales ethisches und religiöses Problem. Jung hat seit dieser Vision zeitlebens um eine Antwort gerungen, die schließlich in seinen Büchern *Antwort auf Hiob* und vor allem im *Mysterium Coniunctionis* zu einer alternativen Lösung zur christlichen Ethik führte. Nicht mehr die Verdrängung oder Vernichtung des Bösen ist das Ziel, sondern der Versuch der Vereinigung der Gegensätze. Diese Lösung wurzelt in der Erkenntnis, daß nicht nur das Gute, sondern auch das Böse aus „Gott" hervorgeht, wie zwei Söhne aus dem Mutterschoß.

Das Böse in der Mythologie

Die Jung erschütternde Erkenntnis, daß Gott nicht nur Licht ist, sondern auch einen Schatten hat, daß man ihm deshalb wohl das Gute, aber auch das Böse zuschreiben muß, ist ein Problem, das die Menschheit zu allen Zeiten, in allen Kulturen und Religionen beschäftigt hat. In den Religionen des vorderen Orients treffen wir das Böse als ein kosmisches Prinzip, das in den mesopotamischen Mythen unter verschiedenen konkreten Gestalten dargestellt ist. *Ti'amat* wird als eine böse und wider-göttliche Macht betrachtet, die am Uranfang der Zeiten die guten Gottheiten bekämpfte. Sie wird aber von einem Heldengott, *Marduk*, besiegt. Der *Ti'amat* ist ein Ungeheuer, eine Art von Drachen und ein mythisches Symbol des Meeres, oder, im psychologischen Sinn, des kollektiven Unbewußten. Die Priesterklassen haben diese mythisch-epischen Überlieferungen weiter geführt, kommentiert und theologisch interpretiert. Gestalten wie *Ti'amat* gehören der mythischen Urzeit an, und werden an Festen wie dem Neujahrsfest wieder erinnert und lebendig gemacht.[4]

Das Böse in Gestalt des Drachens spielt in allen Perioden der iranischen Religionsgeschichte eine große Rolle. Sein Name ist *Azi*, was auch Schlange bedeutet. Er ist ein böser Weltherrscher, der den Urmenschen und Urkönig *Yim* vertreibt und durch seine Henker zersägen läßt. Der Besieger des Drachen ist im alten Iran ein Gott oder ein göttlicher Heros. Auch im Zoroastrismus ist der Drache immer ein Vertreter des absolut Bösen geblieben. Immer wurde die Auseinandersetzung zwischen den bösen Mächten, symbolisiert im Drachen, und den guten als ein kriegerischer Kampf gesehen.

Vertreter der bösen Macht in der iranischen Religion ist *Ahriman*, ein Name, der sich vom schon im *Avesta* vorkommenden Namen *Ahra Mainyu* ableitet. *Mainyu* bedeutet Geist. *Ahra* mit der Wurzel „ah" bedeutet „feindlich", „hassend", ist also der Gegner von *Spenta Mainyu*, als „heiliger Geist" oder Geist, der „heil" macht. Diese zwei Geister sind Zwillinge, von denen es heißt:

> Wohlan, die beiden Geister zu Anfang,
> die im Tiefschlaf als Zwillinge erkannt wurden,
> sind in Sinn und Wort und Handeln
> der Bessere und Schlechte.
> Zwischen diesen beiden haben die klar Sehenden recht geschieden,
> die übel Sehenden nicht.
> Und als diese zwei Geister zusammenkamen,
> erschufen sie das Erste
> Leben und Nicht-Leben, und daß am Ende
> das schlechte Dasein
> für die Glaubensfeinde sein würde,
> aber der Beste Sinn für die Gerechten.
> Von diesen beiden Geistern wählte der Glaubensfeind,
> das Schlechteste zu tun,
> der Heiligste Geist aber, mit den härtesten Himmeln
> bekleidet, das Rechte,
> und ebenso diejenigen, die mit wahrhaftigen Handlungen
> Ahura Mazda willig zufriedenzustellen suchen.[5]

Diese Zwillinge haben also zusammen das Weltall geschaffen, aber so, daß der Heilige Geist für das Leben, der Böse Geist für das Nichtleben verantwortlich ist. Der Böse, der hier *drugvant*, trügerisch, freier: „Glaubensfeind", genannt wird, hat es von selbst vorgezogen, das Schlechteste zu tun. Hinter diesen zwei Gegnern scharen sich alle Menschen in zwei Lager, in zwei Heerscharen, nämlich die Klarsehenden und die Übelsehenden, wobei hier die „Klarsehenden" *Ahura Mazda*, den höchsten Gott, zufrieden zu stellen versuchen. Wie verhält sich dieser nun zu den zwei Geistern, den Zwillingen? Aus den *Gathas* geht in aller Deutlichkeit hervor, daß *Ahura Mazda* der Vater von *Spenta Mainyu*, also des „Heiligen Geistes", ist. Es muß somit der

Schluß gezogen werden, daß er auch der Vater des Bösen Geistes sein muß!

In Iran wird der Verlauf der Geschichte als ein Drama gesehen, wo am Ende der Zeit die guten Mächte gegen das Böse und dessen Anhänger kämpfen, um diese zu vernichten. Diese iranische Eschatologie hatte tiefe religionsgeschichtliche Auswirkungen. Auch die jüdische, christliche und islamische Religion verdanken Iran die gewaltige Vision vom Endkampf und dem Sieg über das böse Prinzip. Die Mächte des Lichts und der Finsternis sind nach persischer Auffassung nicht auf ein Volk oder einen Stamm beschränkt, sondern sind kosmisch und allumfassend, und jeder Einzelne, gleich welchem Volk oder Stamm er angehört, muß sich mit seinem eigenen freien Willen für eine Seite entscheiden und sich entweder der Macht des Guten oder der des Bösen in dieser Welt zugesellen. Entschließt er sich für die erstere, so wird er durch seine Gedanken, Worte und Taten dazu beitragen, daß die Vollkommenheit des Weltalls wiederhergestellt wird; wenn aber für die letztere, so bereitet er sich in einer Hölle, die seinem Leben entspricht, schweres Leid.

Wenn der Tag des endgültigen Weltsieges näherrückt und die Mächte der Finsternis sich ihr letztes Verzweiflungsgefecht liefern, wird eine Zeit allgemeiner Kriege und weltweiter Katastrophen kommen, woran anschließend der letztendliche Erlöser *Saoshyant* erscheinen wird. *Angra Mainyu* und seine Dämonen werden restlos aufgerieben werden, die Toten werden in Leibern aus makellosem Licht auferstehen, die Hölle wird vergehen, die darin gefangenen Seelen werden geläutert entlassen, und es wird eine Ewigkeit des Friedens, der Reinheit, der Freude und der Vollkommenheit folgen.

Diese Anschauung von einem großen Gegenspieler Gottes und dessen Vernichtung in einem letzten Kampf ist eine der größten religiösen Ideen in der Geschichte der Menschheit.

Die indischen Religionen

In der Zeit von 1500 bis etwa 1000 v. Chr. ließen sich die indischen Eroberer im Indus- und Ganges-Tal nieder. Ihre Religion ist in einem gewaltigen Schrifttum, den Veden, niedergelegt, das die Zeit vom dritten Jahrtausend bis zum dritten Jahrhundert vor Christus umfaßt. Sie werden auf göttlichen Ursprung zurückgeführt und spiegeln die ganze religiöse Entwicklung vom ältesten Teil, dem *Rig-Veda*, bis zur jüngsten Entwicklung, den *Upanishaden*, wieder.

Auch im alten Indien stoßen wir auf ein kosmisches Prinzip des Bösen in Gestalt des Drachens. Als Wasserdrache hat er die Wasser in seiner Gewalt, weshalb er dem Lande der Arier die Wasser vorenthält. Es kommt zum Kampf mit dem Gott *Indra*, der ihn besiegt und tötet, worauf das Wasser wieder fließt und das Land befruchtet wird.

Indra ist also der Held, der den Drachen besiegt, so daß das Gute in der Schöpfung wieder wirken kann. Ob allerdings der Drache *Ahi* nur als radikal böses Prinzip aufgefaßt wird, ist sehr fraglich. Für die Arier spiegelt dieser Kampf einen kosmischen Vorgang wieder, der für das Leben des Volkes notwendig ist. *Indra* und *Ahi*, beide spielen eine notwendige Rolle. An sich ist zwar *Ahi* „der Böse“, aber eine moralische Qualifikation ist damit nicht verbunden. Im Gegenteil. Nach der Tötung des Drachens bemächtigt sich *Indras* sogar ein Gefühl von Furcht und Schuld oder Sünde.

Widengren schreibt, daß in Indien in der vedischen Literatur der Drache zwar ein böses Prinzip bedeutet, aber doch nicht als das radikal Böse dargestellt ist, weil ihm, von einer schwachen Andeutung abgesehen, das moralische Übel als entscheidende Qualität fehlt.

In der Entwicklung zur brahmanischen Kultreligion wird die Sünde als Erzürnung der Gottheit durch Verfolgung ihrer sittlichen Gesetze, teils aber auch als magisches, Leib und Seele befleckendes Fluidum angesehen. Die Sühne besteht sowohl in der Versöhnung der personal gedachten Gottheit, als auch in der magischen Beseitigung des Sündentabus durch Wasser und Feuer, aber auch durch unblutiges und blutiges Opfer. Den Brahmanen fiel in späterer Zeit die Aufsicht über das gesamte Kultwesen zu.[6]

Erst die jüngeren *Upanishaden* lösen sich von der brahmanischen Opfertheologie ab und schaffen in der Psychotechnik des Yoga und der Samkhya-Philosophie ein neues Fundament. Die Upanishad-Mystik ist ein neuer Weg, eine Antwort auf das Sehnen des Menschen nach Erlösung. Es sind drei Vorstellungen, die für diese Mystik grundlegend wurden. Es ist einmal der Glaube an die Notwendigkeit von Tod und Wiedergeburt, verbunden damit das Gesetz von Ursache und Wirkung, das heißt Karma. So wie man gelebt hat, wird man wiedergeboren, als guter Mensch in einer glücklichen, als schlechter Mensch in einer unglücklichen Existenz. Entscheidend wurde jedoch die Einsicht, daß der Weg zur Erlösung über das eigene Innere führt.

Wer diesen Weg geht, wer dem Sehnen nach Erlösung folgt, dem strahlt im Innersten ein Licht auf, das ihn zum Erlebnis der vollen inneren Einheit führt.

Auch im Buddhismus liegt der Grund für die Erlösungsbedürftigkeit des Mensch im Leiden als dem „Bösen" in der Welt. Ähnlich wie im Hinduismus stehen sich aber die Prinzipien von „Gut" und „Böse" nicht mehr wie im iranischen Mythos in schroffer Unversöhnlichkeit einander gegenüber. Nach der Philosophie des Mahayana sind alle „Phänomene" leer von eigener Existenz. Leerheit wird aber nicht als „Nichts" begriffen, was als Nihilismus abgelehnt wird. Vielmehr wird diese in der Meditation unmittelbar erfahren. Als das Absolute, das wahre Sein, das aber kein substantielles Sein ist, als Licht und Mitgefühl. Der Erlöste oder Boddhisattva erkennt sich als identisch mit dieser Qualität. Auch das Wesen des Nichterlösten ist von dieser Qualität. Er ist sich aber seines wahren Wesens, d. h. der Leerheit nicht bewußt. Aus Unwissenheit klammert er sich deshalb an die phänomenale Welt, die ihrem Wesen nach vergänglich ist und Leiden bedeutet. Für den Buddhisten steht deshalb nicht der Kampf gegen das Böse im Vordergrund, sondern der Versuch, die Unwissenheit, als erste Ursache des Leidens aufzuheben. Auf diesem Weg erkennt er immer mehr die wahre Natur aller Erscheinungen als Leerheit, in der die Gegensätze – also auch gut und böse – vereinigt und somit auch aufgehoben sind. Das Problem, einen Schöpfergott von der Schuld freizusprechen, daß das Böse von ihm geschaffen worden sei, existiert demzufolge für den Osten nicht.

Das Böse im Christentum

Jahwes Schatten

Das Land, in dem das Christentum entstand, ist ein schmales Landstück am Ostrand des Mittelmeers. In vor-israelitischer Zeit nannte man es Kanaan und seine Bewohner Kanaanäer. Später wurde es unter Kaiser Hadrian zu Palästina oder Judäa. Die Juden selbst bezeichneten sich als „Volk Israel". Eingewandert sind sie im 14., wahrscheinlich eher im 13. Jahrhundert v. Chr. in Teile Kanaans und verschmolzen mit den ebenfalls eingedrungenen Hebräern. Vereinigendes Band wurde mit der Zeit die Verehrung eines Gottes, den sie „Jahwe" nannten. Mit der Zeit eroberten die Israeliten die Kanaanäischen Stadtstaaten, ein Land, in dem

„Milch und Honig“ floß, „große und schöne Städte, die du nicht gebaut hast, Häuser voller Güter, die du nicht gebaut hast, und ausgehauene Brunnen, die du nicht ausgehauen hast, und Weinberge und Ölbäume, die du nicht gepflanzt hast“. Mit dieser „Landnahme“ begann über Jahrhunderte eine Zeit immer erneuten „Gemetzels ohne Grund und Schonung“. Für die Israeliten waren dies aber nicht etwa „profane Schlachten“. In ihren Augen wurden sie ausgeführt durch ein „heiliges Volk“, durch vom Gottesgeist getriebene Hirtennaturen. Dieser Gottesgeist war Jahwe, ein schrecklicher Gott, ein eifernder Gott, der die Missetaten der Väter heimsucht bis ins dritte, vierte Glied an den Kindern. Es war ein Gott, von dem Vernichtung, auch jähes Verderben ausging für „alle Bewohner dieser Erde“. Dieser Gott genoß wie in einem Blutrausch nichts so wie Rache und Ruhm. Immer kämpfte allen voraus Jahwe, der „niemand ungestraft“ läßt, dessen Nase Rauch, dessen Mund „verzehrendes Feuer“ entfährt, der „Flammen sprüht“, Schwefel regnen läßt, glühende Schlangen schickt und die Pest, der „Gott der Heerscharen“, „der Schlachtenreihen Israels“, „der rechte Kriegsmann“, ein „schrecklicher Held“ und ein „schrecklicher Gott“. Dieser Gott will nichts neben sich dulden. Darum der Befehl: „Zerstört alle heiligen Stätten, wo die Heiden, die ihr vertreiben werdet, ihren Göttern gedient haben (...) und reißt um ihre Altäre und zerbrecht die Steinmale und verbrennt mit Feuer ihre heiligen Pfähle, zerschlagt die Bilder ihrer Götzen und vertilgt ihren Namen (...)“. Für die eroberten feindlichen Städte aber galt: „Wenn sie Jahwe, der Gott, in deine Gewalt gegeben, sollst du alles, was an Männern drin ist, mit dem Schwert töten, dagegen Weiber und Kinder, das Vieh und alles, was sich in der Stadt befindet, genießen“. Dies gilt aber nur für fern lebende Feinde. Bei den näher wohnenden soll „keine Seele am Leben gelassen werden“. Nach dem heutigen Völkerrecht wäre der Tatbestand für eine Anklage wegen Völkermord genügend ausgewiesen.[7]

Alten Testament

Es ist offensichtlich, daß das Bild, das im *Alten Testament* von Jahwe gezeichnet ist, äußerst ambivalent ist. Dieser Gott ist nicht nur gut, er ist auch böse und rachsüchtig. Jahwe ist psychologisch gesehen von einem gewaltigen Schatten begleitet. Der christlichen Theologie bereitet dieser Tatbestand einiges Kopfweh. Uminterpretationen und Reinwaschungen werden nötig, was dazu führte, daß die Evangelische Kirche innerhalb der letzten 100 Jahre drei Luther-Bibel-Revisionen vornahm.[8]

Das *Buch Hiob* bezeichnet Jung als einen Markstein auf dem langen Entwicklungsweg eines göttlichen Dramas. Es entwirft ein widerspruchsvolles Bild Jahwes, nämlich das Bild eines Gottes, der maßlos war in seinen Emotionen und eben an dieser Maßlosigkeit litt. Zorn und Eifersucht verzehrten ihn, Güte stand neben Grausamkeit, Schöpferkraft neben Zerstörungswillen. Es war alles da, nur keines hinderte das andere. Ein derartiger Zustand, schreibt Jung in seinem Buch *Antwort auf Hiob*, ist nur denkbar, wenn entweder kein reflektierendes Bewußtsein vorhanden ist, oder wenn die Reflexion ein bloß ohnmächtig Gegebenes und Mitvorkommendes darstellt. Ein Zustand, der solchermaßen beschaffen ist, kann nur als „amoralisch" bezeichnet werden, meint Jung.

Im Buch geht es darum, daß sich Jahwe von einem seiner Söhne, einem Zweifelsgedanken, hat beeinflussen und bezüglich der Treue Hiobs hat verunsichern lassen. Obschon Jahwe von der Treue Hiobs überzeugt ist, soll er „grund- und nutzlos" einer moralischen Prüfung unterzogen werden.[9]

Jahwe übergibt den treuen Knecht dem bösen Geist und sieht ungerührt zu, wie dieser Hiob physisch und psychisch in endlose Qualen versinken läßt. Hiob wird seiner Herden beraubt, seine Knechte, Söhne und Töchter werden erschlagen und er selbst wird mit Krankheit geschlagen, die ihn bis an den Rand des Grabes bringt.

Man muß sich Rechenschaft darüber geben, meint Jung, „daß sich hier in kürzester Frist dunkle Taten häufen: Raub, Mord, vorsätzliche Körperverletzung und Rechtsverweigerung". Erschwerend kommt dabei in Betracht, daß Jahwe keinerlei Bedenken, Reue oder Mitgefühl, sondern nur Rücksichtslosigkeit und Grausamkeit bekundet. In einem Gewitter demonstriert er seine Allmacht und donnert den halbzertretenen Menschenwurm mit Vorwürfen an: „Wer ist's, der da verdunkelt den Ratschluß mit Reden ohne Einsicht?"

Hiob erkannte zum Glück bald, daß Jahwe kein Interesse an seinen Anliegen hatte. Vielmehr dämmerte es ihm, daß es um ein Problem Jahwes mit dem Satan ging, nämlich dessen Schattenseite. Diese sollte verschwinden, indem Hiob des Verrats an Jahwe verdächtigt wird. Das Problem wird, wie meistens in der Geschichte, projiziert, nämlich auf Hiob, der Jahwes Schattenseite verkörpert, auf dessen Anima als Schwäche und Sanftmut. Aber das Hiob aufgebürdete Leiden führt diesen zu einer Bewußtseinserweiterung, nämlich zur Erkenntnis der Gespaltenheit Jahwes, deren dieser selbst jedoch unbewußt ist. Hiob wurde so Jahwe überlegen und erkannte, daß sich der Mensch einem solchen Gott nur mit Furcht unterwerfen und indirekt versuchen kann, ihn mit Lob und Gehorsam vorsorglich zu versöhnen. Vom „Hörensagen“ hat er Jahwe gekannt. Jetzt aber hat er die Wirklichkeit erfahren. Doch Hiob bekennt: „Ich weiß, daß mein Anwalt lebt.“

Die Wandlung Hiobs ist Anstoß, daß Jahwe sich anschickt, Mensch zu werden; als Menschensohn wohnt bei ihm nunmehr die Gerechtigkeit. Der Menschsohn wird ein Stab für die Gerechten und Heiligen sein. „Am Ende seiner Herrschaft wird er Gericht halten über alle Geschöpfe. Die Finsternis wird vernichtet und unaufhörlich wird Licht sein“.[10]

Die Gottheit im *Alten Testament* hat also noch einen durchaus ambivalenten Charakter, Licht und Schatten waren nicht, wie später im Christentum, in zwei unversöhnliche Hälften gespalten, war doch im *Buch Hiob* der Satan noch einer der Gottessöhne und Vertrauter Jahwes gewesen. Dieses widerspruchsvolle Gottesbild blieb Gegenstand der sehr großen Spekulationen des Judentums und wirkte über die Kabbala auch auf Jakob Böhme ein, der von der Liebe und dem Zornfeuer Gottes schreibt, in welchem Luzifer gefangen liegt.[11] Auch Angelus Silesius schreibt: „Bei Gott ist Gnad und Zorn/Die Glut bringt beide für/Die um ihn ist, gibt Tod/Die in ihm, Kraft und Zier“.[12] Für den Christen durften aber weder Gott noch Christus ein Paradox sein; sie mußten eindeutig sein, und dies gilt bis auf den heutigen Tag, schreibt Jung.[13] Deshalb hat die christliche Urgeschichte konsequenterweise dem Christus einen Antichristus gegenübergestellt. Erst mit Christus ist ein Teufel als wirklicher Widerpart Gottes in die Welt getreten, obwohl bei den frühen Judenchristen der Satan noch als der ältere Bruder Christi galt.

Die Bezeichnung „Antichrist“ kommt aus dem Griechischen und bedeutet „Gegenchristus“. Es ist eine feindliche Macht, die sich dem Christentum entgegensetzt und es in der Entwicklung hindern oder gar ausrotten will. Der Terminus „Antichrist“ tritt allerdings in den Frühschichten des *Neuen Testaments* noch nicht auf. Erst im Zweiten Thessaloniker-Brief wird vom „Sohn der Verderbnis“ gesprochen. Dieser Briefschreiber besitzt eine wohlausgebildete Antichristlehre und will diese an die Zeitgenossen weitergeben.

Es geht also um Christus und dessen Widerpart, den Antichrist. Die Rede kommt notwendigerweise auf Christus, schreibt Jung, denn er ist der noch lebendige Mythus in unserer Kultur:

> Er ist unser Kulturheros, der, unbeschadet seiner historischen Existenz, den Mythus des göttlichen Urmenschen, des mystischen Adam, verkörpert. Er ist

es, der das Zentrum des christlichen Mandalas innehat, der Herr des Tetramorphos, d. h. der vier Evangelistensymbole, welche so viel wie die vier Säulen seines Thrones bedeuten. Er ist in uns und wir in ihm. Sein Reich ist die kostbare Perle, der im Acker verborgene Schatz, das kleine Senfkorn, das zum großen Baume wird, und die himmlische Stadt. Wie Christus in uns ist, so auch sein himmlisches Reich. Diese wenigen, allgemein bekannten Andeutungen dürften genügen, um die psychologische Stellung des Christussymboles zu charakterisieren. *Christus veranschaulicht den Archetypus des Selbst.* Er stellt eine Ganzheit göttlicher oder himmlischer Art dar, einen verklärten Menschen, einen Gottessohn sine macula peccati, der von der Sünde nicht befleckt ist. Diese Anschauung ermangelt aber der Totalität im psychologischen Sinne. Christus hat, wie die Gnostiker sagten, seinen Schatten abgestoßen, und dieser führt eine Sonderexistenz, die sich im Kommen des Antichristen zu Worte meldet. Der psychologische Begriff des Selbst, der einesteils aus der Erkenntnis des ganzen Menschen abgeleitet ist, andernteils sich spontan in den Produkten des Unbewußten als jene, durch innere Antinomien gebundene archetypische Vierheit darstellt, kann über den zur lichten Gestalt gehörenden Schatten, ohne den sie des Körpers und damit der Menschenhaftigkeit ermangelt, nicht hinwegsehen. Licht und Schatten bilden im empirischen Selbst eine paradoxe Einheit. In der christlichen Anschauung dagegen ist der Archetypus in zwei unvereinbare Hälften insofern hoffnungslos gespalten, als das Ende zu einem metaphysischen Dualismus führt, nämlich zu einer letzthinigen Trennung des Himmelreiches von der feurigen Welt der Verdammnis.[14]

Je heller das Christenbild wurde, um so mehr entwickelte sich dessen Gegenseite, der Schatten oder der Antichrist. Das Kommen dieses Gegenprinzips ist prophetisch vorausgesagt und entspricht zudem einem psychologischen Gesetz, dem Gesetz der Enantiodromie, welches, wenn die Zeit reif ist, zu einer Umkehrung des christlichen Geistes führen muß. „Das in die Höhe strebende Vergeistigungsideal sollte von der materialistischen, stoffbewältigenden und welterobernden Leidenschaft, die gänzlich der Erde verhaftet ist, durchkreuzt werden", schreibt Jung. Es kam die Zeit der Welt- und Naturentdeckung. Über die Französische Revolution und die Aufklärung führte sie in einen Zustand, der heute als antichristlich bezeichnet werden muß. Das christliche Zeitalter schlägt immer wieder in sein Gegenteil um, und macht so die christliche Antizipation der „Endzeit" wahr. Prophet dieser Endzeiterwartung ist der Johannes der Apokalypse. In einer Vision, die ihn „wie tot" hinfallen ließ, tritt ihm anfangs eine furchterregende Gestalt entgegen! Christus verschmolzen mit dem „Hochbetagten", dem Menschen und Menschensohnähnlichen, aus dessen Mund ein scharfes, zweischneidiges Schwert hervorgeht. In sieben Sendschreiben trägt er ihm auf, die Gemeinden in der Provinz Asia zu warnen und zu ermahnen, Buße zu tun, denn er „straft und züchtigt alle, die er lieb hat“. In *Antwort auf Hiob* führt Jung weiter aus:

Hierauf folgt die Eröffnung des mit sieben Siegeln verschlossenen Buches durch das ‚Lamm'. Letzteres hat die menschlichen Züge des ‚Hochbetagten' abgelegt und erscheint in rein theriomorpher, aber monströser Form, wie eines der vielen anderen gehörnten Tiere der Apokalypse: es hat sieben Augen und sieben Hörner, ist darum nicht lamm-, sondern widderähnlich und muß überhaupt ziemlich übel ausgesehen haben. Obschon es als ‚wie geschlachtet' dargestellt wird, so benimmt es sich in der Folge doch keineswegs als unschuldiges Opfer, sondern recht lebhaft. Aus den vier ersten Siegeln entläßt es die vier unheilvollen apokalyptischen Reiter. Beim fünften Siegel hört man das Rachegeschrei der Märtyrer (‚Wie lange, heiliger und wahrhaftiger Herr, *richtest* du nicht und *rächst* unser Blut nicht an denen, die auf Erden wohnen?'). Das sechste Siegel bringt eine kosmische Katastrophe, und alles verbirgt sich vor dem *Zorn* des Lammes. Denn gekommen ist der große Tag seines Zorn.' Man erkennt das sanfte Lamm, das sich ohne Widerstand zur Schlachtbank führen läßt, nicht wieder, wohl aber den streit- und reizbaren Widder, dessen Wut nun endlich loslegen kann. Ich [Jung; W. S.] sehe darin weniger ein metaphysisches Geheimnis, als zunächst einmal den Ausbruch längst aufgestauter negativer Gefühle, die man beim Vollkommen-sein-Wollenden häufig beobachtet. Man darf es bei dem Verfasser der johannëischen Briefe als selbstverständlich voransetzten, daß er sich alle Mühe gibt, das, was er den Mitchristen predigt, auch bei sich vorbildlich wahrzumachen. Zu diesem Zwecke muß er alle negativen Gefühle ausschalten, und infolge eines hilfreichen Mangels an Selbstreflexion kann er sie vergessen. Sie sind zwar von der Bildfläche des Bewußtseins verschwunden, wuchern aber unter der Decke weiter und erzeugen mit der Zeit ein ausgedehntes Gespinst von Ressentiments und Rachegedanken, die dann einmal offenbarungsweise über das Bewußtsein hereinbrechen. Daraus entsteht ein schreckenerregendes Gemälde, das allen Vorstellungen von christlicher Demut, Duldsamkeit, Nächsten- und Feindesliebe, von einem liebenden Vater im Himmel und einem menschenrettenden Sohn und Heiland ins Gesicht schlägt. Eine wahre Orgie von Haß, Zorn, Rache und blinder Zerstörungswut, die sich an phantastischen Schreckgebilden nicht genugtun kann, bricht aus und überschwemmt mit Blut und Feuer eine Welt, die man eben noch zu dem ursprünglichen Status der Unschuld und der Liebesgemeinschaft mit Gott zu erlösen sich bemüht hat.[15]

In dieser Vision hat sich Christus als *lumen de lumine*, das „keine Finsternis“ in sich enthält, zu einem grausamen Rächer gewandelt. Die Vision des Johannes dringt in die ferne Zukunft des christlichen Äons und in die dunkle Tiefe jener Mächte, denen das Christentum die Waage hält. Was in ihm aufbricht, ist eine Ahnung einer ungeheuren Enantiodromie, eines „Gegenlaufs", den er als die Vernichtung jener Finsternis ansah, die das in Christus erschienene Licht nicht begriffen hatte. Er sah aber nicht, daß die Macht der Zerstörung und Rache eben gerade jene Finsternis ist, von der sich der menschgewordene Gott abgespalten hat.

Astrologisch leben wir in der Endzeit des christlichen Äons der Fische. Die zweite Hälfte dieses Äons, d. h. der zweite Fisch, entspricht dem Antichristus oder dem Teufel, dessen Kommen vorausgesagt wurde. Auch Jakob Böhme, Meister Eckhart und Angelus Silesius haben das Kommen dieser dunklen Zeitepoche geahnt, deren Ende noch nicht da ist. Es ist eine Epoche, vor deren apokalyptischen Möglichkeiten es uns schaudert. Wohl zum ersten Mal in der Geschichte der Menschheit wurde dem Menschen nämlich die Möglichkeit in die Hand gegeben, sich selber zu vernichten. Wie ein Damokles-Schwert hängen die Zornschalen eines atomaren oder bio-chemischen Krieges über uns.

Woran erkennen wir, daß wir am Ende des christlichen Äons leben und daß „der Sohn des Verderbens" in Erscheinung getreten ist? Nach dem Verfasser des Zweiten Thessaloniker-Briefes kündigt es sich dadurch an, daß zuerst der „große Abfall" vom Glauben anhebt, gefördert durch den „Menschen der Gesetzlosigkeit, der sich offenbaren wird". Dieser „Sohn der Verderbnis" widersetzt sich Gott, „erhebt sich über alles, was Gott oder Heiligtum genannt wird, so daß er sich selbst in den Tempel Gottes setzt, indem er vorgibt, er selbst sei Gott".

Der Antichrist handelt auf Grund der Wirksamkeit des Satans. Er ist der irdische Exponent des Teufels. Auf Grund der Bevollmächtigung durch den Satan wird er die Menschen verblüffen durch „machtvolle Taten, Zeichen und Wunder", die aber alle bloßen Trug darstellen. Durch dieses Blendwerk überlistet er Menschen, so daß sie an ihn glauben. Derweise verführt er alle, die zur rechten Zeit die Gelegenheit nicht wahrgenommen haben, in der Wahrheit zu erstarken. Gott selber läßt diese Menschen dem trügerischen Wesen des Antichrist verfallen, weil sie als Verächter der Wahrheit nicht für den kommenden Äon taugen. Sie sollen darum vor Anbruch der neuen Welt der Vernichtung anheimfallen. Denn sie werden – das ist die stillschweigende Annahme –

mit dem Antichrist zugrunde gehen. Diesen aber wird „der Herr Jesus durch den Hauch seines Mundes und durch die Erscheinung seiner Wiederkunft“ töten.

Der Fall der Menschheit in dieses „Dunkle Zeitalter“ ist sowohl in der östlichen als auch in der westlichen spirituellen Tradition immer schon vorausgesagt worden. So weisen die Vishnupurnas (2. Jahrh. v. Chr.) einige Kennzeichen auf, die als Kali-Yuga bezeichnet werden, so unter anderem:

Die Gesundheit und das Gesetz werden von Tag zu Tag mehr geschmälert werden, bis die Welt vollkommen verdorben sein wird. Nur das Vermögen wird den Rang bestimmen. Die Gesundheit wird der einzige Beweggrund für die Hingabe sein, die Lust das einzige Bindeglied zwischen den Geschlechtern, die Falschheit der einzige Erfolgsweg im Wettstreit. Die Erde wird nur in ihren mineralischen Schätzen als wertvoll erachtet. Die priesterlichen Gewänder werden an die Stelle der priesterlichen Werte treten. Das Volk wird mehr als je zuvor Angst vor dem Tode haben und die Armut fürchten: nur deshalb wird es (dem Schein nach) den Himmel belassen, d. h. die religiösen Überreste bei den Massen.[16]

Es wird immer deutlicher, sagt Julius Evola, daß wir in einem Zeitalter leben, in welchem der „Geist der Krämer“, d. h. des Materialismus, die ethischen Richtwerte bestimmt, welche die Namen „Gewinnoptimierung“, „Efficiency-Steigerung“, „Deregulierung“ und neuerdings „Globalisierung“, usw. tragen.[17] Ihr oberstes Ziel ist Komfort für alle auf der Basis einer wirtschaftlichen Überproduktion, d. h. die Schaffung und Erhaltung einer Konsum-Gesellschaft. Den Preis dafür zahlen Millionen von Menschen, deren Arbeit und Leben durch Automation erniedrigt und entpersönlicht wird oder die zunehmende Zahl jener, die ohne Arbeit materiell und seelisch verelenden. Immer deutlicher wird heute das Wirken eines materialistisch-kollektiven Geistes und die zunehmende Gefahr des Rückfalls in das Kollektive. Denken wir nur an die nivellierende Macht der Massenmedien, der Massenveranstaltungen des Sports, die immer mehr zum Religionsersatz werden. Isolation und Vermassung dürfen wohl als kennzeichnend für unsere heutige Zeit bezeichnet werden. Es ist deshalb nicht weiter erstaunlich, daß diese Entwicklung einen Kulturkanon hervorgebracht hat, der geradewegs in eine moralische Dekadenz geführt hat. Moral wird immer mehr zur Fassade, und auch das Heuchlerische der christlichen Nächstenliebe ist heute wohl kaum mehr zu übersehen. In unserer

Zeit war es vor allem Nietzsche, der unseren Kulturkanon als verantwortlich für die moralische Dekadenz erklärte und zu einer „Umwertung aller Werte“ aufrief.

Nun ist es wohl evident, daß das Bewußtsein des westlichen Menschen im christlichen Moralkodex wurzelt: „ohne die moralischen Ideale, ohne die Domestikation des primitiven Menschen, ohne die Opfer- und Verzichtsleistungen innerhalb der Gemeinschaft hätte der abendländische Mensch weder eine bewußte Orientierung noch eine geistige Konzentration erreicht. Man kann deshalb den christlichen Äon nicht ohne weiteres verurteilen“. Es stellt sich deshalb die Frage, weshalb diese Werte des christlichen Kulturkanons das Abgleiten in Dekadenz und Chaos nicht zu verhindern vermochten. Nach den Erkenntnissen der modernen Tiefenpsychologie sind es im Wesentlichen zwei Ursachen, die zum Umschlag oder zur Enantiodromie führen: die Verabsolutierung des geltenden Kulturkanons und damit verbunden die Verdrängung der diesem Kanon entgegenstehenden Ziele und Werte. Die Wertvorstellungen des Kollektivs bzw. des christlichen Kulturkanons werden damit zur Richtschnur für das ethische Verhalten des Individuums, das alles, was diese Kollektivethik anzustreben fordert, und alles, was ihr entgegensteht, zu unterdrücken oder zu verdrängen hat. Die Folge davon ist das Entstehen einer psychisch-geistigen Spaltung der Persönlichkeit in einen bewußten, vom Kollektiv geforderten und gebilligten Teil, und in einen unbewußten Persönlichkeitsteil, in welchem alles, was der kollektiven Norm entgegensteht, verdrängt wird. Damit entsteht eine Art von Gegensystem zur bewußten Haltung des Individuums, das Jung den Schatten nennt. Dies führt dazu, daß dieses Böse, oder das, was als Böses betrachtet wird, stets ausgerottet werden muß. Aber wie der Hydra die abgeschlagenen Köpfe immer wieder nachwachsen, so steht das verdrängte, unterdrückte und scheinbar besiegte Dunkel immer wieder neu auf. So steht die Menschheit, wie Erich Neumann sagt, vor dem seltsamen und für die Ethik paradoxen Problem, daß Welt, Natur und Seele Schauplatz einer unerschöpflichen Neu- und Wiedergeburt des Bösen sind.

Nach den Erfahrungen der Tiefenpsychologie wird jede Energie, die ins Leben drängt, aber nicht zugelassen wird, destruktiv. Durch die Verbindung mit anderen unbewußten, negativen und primitiven Persönlichkeitsanteilen entstehen hochirritierte, explosive Energiefelder, negative Komplexe, welche die Tendenz haben, bei geringfügigen Anlässen mit unwiderstehlicher Gewalt zu explodieren. Diese im Unbewußten sowohl der Völker als auch des Einzelnen auf Befreiung lauernde Destruktivität wird nun in der Regel nicht als solche erkannt, sondern zunächst als sich immer mehr verdichtendes kulturelles oder persönliches Unbehagen oder als Schuldgefühle wahrgenommen. Um sich davon zu befreien, versucht die alte Ethik, die vermutete Ursache, nämlich das Negative, Destruktive oder Böse aus dem Bewußtsein zu verdrängen, um sich so von den Symptomen des Unbehagens und des Schuldgefühls zu befreien. Dieser Lösungsversuch, sagt Neumann, bildet nun eine der größten Gefahren für die Menschheit, indem das Verdrängte projiziert wird und nun als das zu vernichtende Böse im anderen Volk oder im persönlichen Umfeld wahrgenommen wird.[18]

„Die unbewußten seelischen Konflikte der Gruppen und Massen", sagt Neumann weiter, „äußern sich vor allem in epidemischen Ausbrüchen, den Kriegen und gewaltsamen Umstürzen, in denen die kollektiv gestauten unbewußten Kräfte dominant werden und Geschichte machen. In der Sündenbockpsychologie haben wir einen frühen, wenn auch unzureichenden Versuch vor uns, mit diesen unbewußten Konflikten fertig zu werden. Die Sündenbockpsychologie bestimmt das Innenleben der Völker ebenso wie ihr Zusammenleben. Die Durchbrüche der Massenepidemien und die Sündenbockpsychologie sind oft zwei miteinander verbundene psychische Reaktionen, als Folge eines unbewußten Konflikts. Ob dieser Konflikt noch nicht bewußtseinsreif war, oder ob er aus dem Bewußtsein verdrängt wurde, ist dabei für die Auswirkung relativ gleichgültig".[19] Folge der Unterdrückung des Schattens im Menschen ist eine unbewußte Verstärkung des Negativen bis zum Sadismus und zur bestialischen Zerstörungswut, das heißt zu paranoiden Reaktionen sowohl des Einzelnen als auch der Völker.

Das Problem vom Ursprung des Bösen

Die Münsterplatz-Vision Jungs, in welcher unter dem Thron Gottes ein ungeheures Exkrement auf das bunte, neue Kirchendach des Münsters fällt und dieses zerschmettert, wurde zum entscheidenden Ereignis im Leben C. G. Jungs. Er schreibt in seinen Erinnerungen, er habe das Gefühl gehabt, in etwas Übles hineingestoßen worden zu sein, in etwas Böses und Finsteres, das aber doch zugleich wie eine Auszeichnung war. Mit dieser Erfahrung war er aber allein, und es ist ihm nie gelungen, auch nur eine Spur davon bei anderen aufzufinden. Er bekam das

Gefühl, ausgestoßen oder auserwählt, verflucht oder gesegnet zu sein.[20] Die lebenslange Beschäftigung mit dieser Vision führte ihn zur Auffassung Gottes als eines unbewußten Wesens (ein wenig unbewußter sogar als der Mensch). Jungs Auseinandersetzung mit der Frage des dunklen Gottes und der Ursache des Bösen hat bei vielen Menschen Anstoß erregt. Unsere infantile Seite will offenbar nur ungern die Idee eines „lieben Gottes", der uns gütig behütet, aufgeben, obschon die Wirklichkeit so ganz und gar nicht danach aussieht. Marie Louise von Franz meint deshalb, das Wichtigste sei, daß wir es darum aufgeben, andere belehren zu können, was Gut und was Böse sei.

Im Falle Jahwes war es noch möglich, das Schattenproblem mit diesem verbunden zu sehen. Im Verlaufe der Entwicklung des Christentums sah sich dieses gezwungen, einen Gegenspieler zu schaffen, nämlich den Antichrist als ein Symbol des Bösen. Erst mit Christus ist ein Teufel oder Satan als Gegenspieler in die Welt getreten, nachdem er noch im *Buch Hiob* ein Vertrauter Jahwes und einer seiner Gottessöhne gewesen ist. Dieser Antichrist ist nach dem Verständnis des Zweiten Thessaloniker-Briefs nicht als ein verselbstständigter Aspekt von Christus zu bewerten. Es wird nicht angenommen, er solle als der dunkle Aspekt der Gottheit in diese zurückgenommen werden. Vielmehr wird das Dunkle im Symbol des Antichrist nicht angenommen, sondern verworfen. Im christlichen Verständnis können deshalb weder Gott noch Christus ein Paradox sein. Sie müssen eindeutig sein, das gilt bis auf den heutigen Tag. Damit ist aber auch die Frage nach dem Ursprung und der Substanz dieses im Antichrist verkörperten Dunklen und Bösen aufgeworfen. Konsequenterweise führte es dazu, den christlichen Gott als *summum bonum*, als das absolut Gute zu definieren. Da aber Gott der allmächtige Schöpfer ist, aus dem nur Gutes kommen kann, wie erklärt sich dann die Existenz des Bösen? Die Lösung fand man im Begriff der *privatio boni*, wie wir ihn besonders beim Heiligen Augustinus erklärt finden. In seiner Schrift gegen die Manichäer und Marcioniten schreibt er: „Aus diesem Grunde [Gott als *summum bonum*, W. S.] sind nun aber alle Dinge gut, weil die einen Dinge den anderen gegenüber ‚besser' sind und die Qualität der weniger guten Dinge die besseren in ihrem Wert steigern, (...) das aber, was man die bösen Dinge nennt, sind entweder Fehlerhaftigkeiten der guten Dinge, wobei erstere (...) außerhalb der guten Dinge gar nicht existieren können (...) sondern sogar diese Fehler selbst zeugen für die Güte der Naturen (Wesen). Was nämlich schlecht ist durch Fehlerhaftigkeit, das ist in

Wahrheit gut von Natur. Die Fehlerhaftigkeit nämlich ist etwas Widernatürliches, weil sie der Natur schadet: und sie könnte ihr nicht schaden außer durch Verminderung ihrer Güte. Folglich ist das Böse nur eine Abwesenheit des Guten."

Nach Augustinus ist das Böse nur ein fehlerhafter Gebrauch der Dinge, die an sich gut sind, und nicht eine eigenständige Realität. Mit dieser Logik meint Jung, könnten wir zum Beispiel Folgendes sagen: „Die Temperatur des arktischen Winters, in der uns Nase und Ohren erfrieren, liegt relativ nur wenig unter der am Äquator herrschenden Wärme. Beträgt doch die arktische Temperatur nicht viel weniger als etwa 230 ° über dem absoluten Nullpunkt. Alle Dinge auf der Erde sind ‚warm', das heißt nirgends wird der absolute Nullpunkt auch nur annähernd erreicht." So sind bei Augustinus alle Dinge von Natur „gut" und wie „die Kälte nichts als eine Verminderung der Wärme ist, so das Böse nichts als eine solche des Guten." Dieses logische Kunststück stellt, milde gesagt, einen Euphemismus dar. „Der Trugschluß erfolgt notwendigerweise aus der Prämisse Deus = Summum Bonum, weil es undenkbar ist, daß der vollkommen Gute das Böse hätte erschaffen können. Er hat bloß Gutes und minder Gutes (welches der Laie einfach Schlechteres nennen würde) geschaffen. Da wir nun trotz einer Hitze von 230 ° über dem absoluten Nullpunkt jämmerlich frieren, so gibt es eben auch Menschen und Dinge, die zwar von Gott geschaffen, aber doch bloß minimal gut und daher maximal schlecht sind."

Von diesem Augustinischen Euphemismus stammt wohl der Grundsatz: *Omne bonum a Deo, omne malum ab homine*. Dieser Unsinn ist gleichwohl ebenso fatal wie die Selbsttäuschung Augustins. Es ist ein Widerspruch gegen die unumgängliche Wahrheit, daß, wer die Wärme erschaffen hat, auch für die Kälte (scl. für die *bonitas inferiorum*) verantwortlich ist. „Man kann es ja Augustinus zugeben, daß alle Naturen gut seien; aber eben nicht gut genug, als daß ihre Schlechtigkeit nicht ebenso einleuchtend wäre." Nach alldem Schlechten, was im letzten und in diesem Jahrhundert geschehen ist und noch immer geschieht, klänge es aber wie ein Hohn, dies als „akzidentellen Mangel an Vollkommenheit" zu bezeichnen. „Die menschliche Natur ist unendlicher Bosheit fähig, und die bösen Taten sind so wirklich wie die guten, soweit sich der menschliche Erfahrungsbereich erstreckt, das heißt unwillkürlich spricht die Seele das unterscheidende Urteil aus."[21]

Es ist deshalb heute wie zu allen Zeiten wichtig, sagt Jung, daß der Mensch die Gefahr des Bösen, die in ihm lauert, nicht übersieht. Die

Psychologie muß deshalb auf der Realität des Bösen bestehen und jede Definition, welche das Böse als unbedeutend oder gar nicht als existentiell auffaßt, abweisen.

Der Dunkle Bruder

Der Mensch erlebt sein Leben zunächst als eine Zeit des Aufstiegs und der Entfaltung, um dann im Zeitpunkt der größten Entfaltung – in der Lebensmitte – zu spüren, daß die Kräfte nicht mehr unaufhaltsam nach oben drängen, sondern hinunter, auf das Ende hin. Die Spannung zwischen der äußeren Realität und der Forderung nach mehr Beachtung der inneren oder unbewußten Welt des Menschen kann dann oft so groß werden, daß es zu einem seelischen, oft aber auch beruflichen und physischen Zusammenbruch kommt. Dann fallen wir in jenen Zustand, den schon die alten Alchemisten als *nigredo*, als Schwärze, als *melancholia*, als *massa confusa*, als Chaos oder auch als „Dreck" zu bezeichnen pflegten, wobei sie dann allerdings immer gleich beifügten: „wo Dreck, da Gold". Kurz, in solchen Zeiten begegnen wir dem, was Jung als Schatten oder Dunklen Bruder bezeichnete.

Der Schatten liegt also auf der Schwelle zwischen dem Bewußtsein und dem Unbewußten. Natürlich haben wir immer schon gewußt, daß wir einen Schatten haben, aber hier sind vor allem die uns bewußten Schattenanteile unserer Persönlichkeit gemeint. In Zeiten des Umbruchs, der Wandlung, stehen wir oft plötzlich vor bisher unbekannten Abgründen unserer Seele, die uns zutiefst erschrecken. Wie aber schon Rudolf Steiner betonte, ist es eine absolute Notwendigkeit, daß wir in solchen Umbruchzeiten den Schatten sehen, verstehen, anschauen und ihm standhalten, wenn wir aus dieser Begegnung als eine gewandelte Persönlichkeit hervorgehen sollen.

Es geht also in diesen Zeiten um eine Wandlung der bisherigen Ich-Persönlichkeit. Was ist nun aber dieses „Ich"? Das ist eine uralte Frage, die schon die alten Griechen bewegte und im spirituellen Osten die Kardinalfrage ist. Jung hat das Ich als einen „komplexen Faktor" bezeichnet, auf den sich alle Bewußtseinsinhalte beziehen. Das Ich ist also nichts Einfaches, sondern ein Komplex wie andere Komplexe auch, wie ein Minderwertigkeitskomplex, ein Vater- oder Mutterkomplex. Es ist einmal entstanden, und zwar nicht etwa schon bei der Geburt, sondern erst etwa mit 1 ½ Jahren, nämlich dann, wenn der „Hansli" von sich nicht mehr in der dritten Person, als „Hansli“ spricht, sondern anfängt, „Ich“ zu sagen.[22] In Indien, im Vedanta, wird die Kraft, die diese Wandlung im Kinde bewirkt, als „Ich-Macher“, als Ahamkara bezeichnet. Von diesem Zeitpunkt bis zum Tode des Menschen macht das Ich eine ununterbrochene Wandlung durch, d. h. das Bewußtseinsfeld des Ich ändert sich fortwährend.

Naiverweise nehmen wir an, dieses Ich sei das Zentrum der Persönlichkeit oder sei die Psyche überhaupt. Jung bezeichnet das als ein Vorurteil. Mit der Entdeckung einer außerbewußten Psyche ist es als Mittelpunkt der Persönlichkeit fraglich geworden. Es hat teil an ihr, ist aber nicht das Ganze. Dieses Ganze, das Jung als *Selbst* bezeichnet, tritt aber nicht an Stelle des Ich, sondern umfaßt dieses, ist also das, was man als unsere wahre oder ganze Persönlichkeit bezeichnen kann.

Dieses sich ständig wandelnde Ich steht nun vor allem in der ersten Lebenshälfte in einer außerordentlich intensiven Beziehung und Auseinandersetzung mit der Welt, in die es hineingestellt wurde. Die Gesellschaft erwartet von ihm, daß es ihr gibt, was es ihr schuldig ist, oder, wie die Bibel es sagt, dem Kaiser gibt, was des Kaisers ist. Es muß eine Aufgabe, eine Rolle übernehmen, und es wird erwartet, daß es diese Rolle auch möglichst vollkommen spielt. Von einem Pfarrer z. B. wird erwartet, daß er nicht nur seine Amtsfunktionen objektiv ausführe, sondern auch sonst zu allen Zeiten und unter allen Umständen die Rolle des Pfarrers anstandslos spielt. Jeder soll an seinem Platz stehen, das wird erwartet. Der eine ist Schuhmacher, der andere Poet. Es wird nicht erwartet, daß einer beides sei, das wäre „unheimlich“. Ein dichtender Schuhmacher wäre „anders“, vielleicht nicht ganz zuverlässig, er könnte vielleicht einmal einen Absatz verkehrt ankleben.

Von der Gesellschaft wird also vom Individuum eine perfekte Rolle als Schuhmacher oder Pfarrer usw. erwartet, also eine Art von künstlicher Persönlichkeit, die natürlich nie seiner wahren Individualität entspricht. Diese Rolle ist eine Art Maske, von Jung Persona genannt, hinter der sich dann das versteckt, was man „Privatleben“ nennt. Das Bewußtsein wird so oft in zwei lächerlich verschiedene Figuren getrennt, nämlich in die nach außen glänzende perfekte Persona, und in die, die man anständigerweise hinter dieser Persona versteckt.

Nun gibt es Leute, und das ist nicht selten, die glauben, sie seien das, was sie darstellen, die sich mit ihrer sozialen Rolle identifizieren. Was nicht dazu paßt, wird verdrängt. Eine solche einseitige Identifizierung mit der „sunny side“ erträgt aber das Unbewußte unter keinen Umständen. Wenn wir solche Leute näher anschauen, dann entdecken wir, daß die perfekte Maske innerlich durch ein wesentlich weniger glänzendes „Privatleben“ kompensiert ist. „Schlechte Laune sei das Laster der Frommen“, klagte einmal jemand, auch Jung meint dazu, wer sich eine zu gute Persona aufbaue, ernte dafür reizbare Launen.

Aber der Mensch kann sich nicht ungestraft seiner selbst zugunsten einer künstlichen Persönlichkeit entledigen. Schon der Versuch dazu löst in allen gewöhnlichen Fällen Reaktionen aus, Launen, Affekte, Ängste und Zwangsvorstellungen, betont Jung. Der sozial starke Mann verhält sich „privat“ seinen Gefühlszuständen gegenüber oft wie ein Kind und oft sieht seine nach außen fleckenlose Moral hinter der Maske merkwürdig aus. Eine unbewußte Identifikation mit der Persona führt unfehlbar zu offenen oder versteckten neurotischen Störungen, weil die inferiore Persönlichkeit verdrängt wird. Der Mensch wird so in seinem Wesen gespalten. Für die Wandlung der Persönlichkeit, oder, wie Jung es sagt, für die Individuation, ist es aber unerläßlich, daß man sich von dem unterscheidet, wie man sich und andern erscheint, d. h. der Persona, und dem was man wirklich ist. Das heißt, wir müssen uns unseres Schattens bewußt werden

Die Verdrängung von nicht in das glänzende Bild der Persona passenden Persönlichkeitszügen ist aber nicht der einzige Grund, warum der Schatten entsteht. Diese Schattenseite ist uns bei ehrlicher Innenschau durchaus bewußt. Es gibt aber Schattenanteile, die wesentlich tiefer sitzen, deren wir uns noch nie bewußt waren und die trotzdem unser Leben oft schicksalhaft bestimmen. Es sind all jene Enttäuschungen und Verletzungen, die wir erlitten haben, als wir noch ein Kind waren. Die Gefühlskälte der Mutter, die Angst vor dem Vater, nicht gelebte natürliche Aggressionen, all das hinterläßt in der kindlichen Seele tiefe Spuren. Das Kind versucht instinktiv, diese Erfahrungen zu verdrängen und zu vergessen und so entsteht eine Tiefenschicht des Schattens, die eigentlich nie bewußt war. Hier entwickelt sich das, was Jung als „gefühlsbetonte Komplexe“ bezeichnet: zum Beispiel der Vaterkomplex, der Mutterkomplex, der Schuldkomplex, der Eigenwertkomplex, usw. Über seinen persönlichen Schatten partizipiert jeder Mensch an diesem kollektiven Schatten, er ist sein Mitträger. Wir wollen uns nun hier die Frage stellen, wie denn der Mensch zu seinem persönlichen Schatten, zu seinem Dunklen Bruder kommt. Da dieser seine Wurzeln in den unergründlichen Tiefen des kollektiven Schattens hat, kann sein Entstehen auch nur annähernd und bruchstückhaft erklärt und begriffen werden.

Die Wurzeln des Schattens

Die Erfahrung der Tiefenpsychologie zeigt auf, daß entscheidende Prägungen des Dunklen Bruders oder der Dunklen Schwester schon unmittelbar bei der Geburt entstehen. Die Seele des Kindes kann im Augenblick seiner Geburt mit einem unbelichteten Film verglichen werden. In sie prägt sich jenes psychologische Umfeld ein, welches das Kind gerade vorfindet; in erster Linie jenes der Mutter und dann des Vaters. In diesem elterlichen psychologischen Umfeld befinden sich nun nicht nur gute und helle Seiten, sonder auch alle dunklen, negativen, zerstörerischen und blockierenden Hintergründe, alle verdrängten, nie gelösten und angstmachenden Probleme. So prägen sich in dem unbelichteten Seelenfilm des Kindes bereits im Augenblick seiner Geburt Strukturen ein, die im Grunde genommen gar nicht seine sind, sondern jene seiner Eltern, Großeltern usw. Die Bibel sagt hier: „bis ins vierte Glied (...)“. Nehmen wir beispielsweise an, ein Neugeborenes, ein Mädchen, habe eine Mutter, die alles für dieses Kind tut, vielleicht sich sogar aufopfert, aber diese Zuwendung dem Kind über Prinzipien, Normen, Vorstellungen, Gedanken, oder – einfacher gesagt – über den Kopf, statt über ein warmes Herz zukommen läßt, dann fängt die Seele des Kindes an zu frieren. Es entsteht ein Vakuum an Wärme. Im Kind entsteht im Unbewußten eine immer größer werdende Sehnsucht nach einer warmen, gütigen, nährenden Mutter, die es aber in seiner leiblichen Mutter nicht findet. So fängt es an, seine Mutter abzulehnen, sie vielleicht sogar als eine Gefahr zu empfinden. Da aber die Mutter die erste Frau ist, der das Kind begegnet, entsteht in seiner Seele eine Art von Engramm, eine nie mehr verschwindende Einprägung, welche das Mütterliche und damit verbunden das Weibliche überhaupt als negativ, ja als bedrohend und gefährlich erscheinen läßt. Seine Einstellung dem Weiblichen gegenüber wird ablehnend. Die Folgen im späteren Leben können verheerend sein. Eine solche Tochter versucht zunächst ihre verletzte, blutende Gefühlsseite vor der Mutter zu schützen, indem sie jene seelisch geistigen Seiten differenziert, die nicht mütterlich sind, in erster Linie ihr Intellekt, ihr Denken, der Wille, die Intuition. Mit der Ablehnung des Mütterlichen wird aber oft nicht nur die Mutter abgelehnt, sondern das Weibliche an sich. Dieser ablehnende Komplex kann sich nun auch gegen sie selber richten, insofern sie Frau ist, d. h. einen unbewußten Widerstand gegen ihren Körper, ihre Sexualität, die Vorstellung, Mutter zu werden usw. Die Folgen sind unabsehbar. Von schweren Problemen in Partnerschaft, Ehe und Sexualität bis hin zur Magersucht – oder dem Gegenteil, der Eß-Sucht (Bulimie) können alle möglichen Störungen des seelischen Wohlbefindens auftreten. Der Schatten der Mutter wurde zu ihrem persönlichen Schatten, zu ihrer Dunklen Schwester, die ihr Leben oft solange zu einer Qual werden lässt, bis sie sich der Ursache ihrer Schwierigkeiten bewußt wird: ihr negativer Mutterkomplex, d. h. das Fehlen einer warmen, gütigen, nährenden und mütterlichen Struktur, die das Kind nicht erfahren durfte.

Aber auch ein Zuviel an Mutter kann im Kind zur Gefahr werden. Nehmen wir an, in einer Ehe bestehe zwischen den Partnern wohl eine ordentlich funktionierende Beziehung, die aber nicht von einem warmen gegenseitigen Gefühl bzw. vom Eros getragen, sondern durch Verstand und Vernunft geregelt ist. In der Frau entsteht dann eine Leere, eine Sehnsucht nach Wärme und Liebe, und diese Sehnsucht nach Wärme und Liebe kann sich dann z. B. auf den Sohn übertragen und der Sohn wird dann das, was in der Antike als der „Sohngeliebte" bezeichnet wird. Der Sohn wird von der liebenden Mutter sozusagen zugedeckt, verschlungen. Gelingt es dem Sohn nicht, sich von der Mutter zu befreien, dann verfällt dieser Mann im späteren Leben immer Frauen, aber er wird zu keiner tieferen Beziehung zu einer Frau fähig sein. Klassisches Beispiel: Don Giovanni, der am Schluß von Mozarts Oper von der Erde verschlungen wird, d. h. psychologisch in eine schwere Depression fällt.

Verhindert aber dieser Mutterkomplex überhaupt die Beziehung zur Frau, weil er mutteridentisch bleibt, dann treibt es ihn nicht auf die Suche nach einer Partnerin, sondern auf die Suche nach seiner von der Mutter verschlungenen Männlichkeit. Er wird homosexuell.

Aber auch auf eine Tochter kann sich eine zu gute Mutter destruktiv auswirken. So kam z. B. einmal eine Mutter in die Analyse, deren 6-jährige Tochter plötzlich Tendenzen zur Selbstverstümmelung zeigte. Das Kind fing an, sich die Augenwimpern auszureißen. Die Anamnese ergab, daß die Mutter der Tochter eine ausgesprochen schlechte Erinnerung an ihre eigene Mutter hatte, was in ihr eine Art von Wunsch auslöste, daß sie für die Tochter „die beste aller Mütter" sein wollte. So fing sie an, ihre Schattenseiten, d. h. vor allem auch die Erinnerung an ihre Mutter, zu verdrängen. Sie bemerkte nicht, daß sie damit ihren Schatten immer mehr ins Unbewußte des Kindes weiterverdrängte, was im Kind eine Abwehr gegen die „nur gute" Mutter auslöste. Da es seine

Mutter psychologisch „nicht mehr sehen“ wollte, fing es an, sich die Wimpern auszureißen. Ich gab der Mutter den Rat, auf das Ideal einer vollkommenen Mutter zu verzichten, und so dem Kind zu zeigen, daß sie auch einen Schatten habe, denn ein Mensch ohne Schatten sei unmenschlich, etwas Unfaßbares, ein Gespenst. Die Mutter begriff, um was es ging und nach kurzer Zeit hörte das Kind auf, sich weiter selbst zu verstümmeln. Seine Mutter wurde für es wieder „faßbar“, d. h. ein Mensch.

Nicht weniger bedenkliche Folgen hat ein gestörtes Vaterbild. Ein zu strenger Vater, der zudem noch eine wenig differenzierte Beziehung zu seinem Gefühl, zu seiner Anima hat, prägt sich in der Seele des Kindes als Angst ein. Ein solcher Vater wird die Anpassung des Kindes, sei es Sohn oder Tochter, erzwingen wollen und damit die natürliche Aggression des Kindes unterdrücken. Paßt sich das Kind den Erwartungen dieses Vaters an, dann entsteht durch diese Verdrängung ein Libidostau, ein dunkles Feld an nicht gelebtem Leben, welches immer wächst, bis es zu einem hoch explosiven und empfindlichen Riesen geworden ist. Kohut spricht hier vom Größenselbst, das gegen das bedrohende Vaterbild gerichtet ist.[23] Ein solcher Mensch wird im späteren Leben oft Schwierigkeiten haben mit allem, was mit Macht, Autorität, Staat, Polizei, Armee usw. zu tun hat. Eine Identifikation mit dem Größenselbst kann aber auch dazu führen, daß dieser Mensch zu einem noch größeren Machtpotentaten wird, als es sein Vater gewesen ist. Diese Entwicklung entsteht wieder auf Kosten des Gefühls, der Eros-Anima, was in der Folge zu gestörter Partnerbeziehung führt, die sich dann wieder im Kind dieses Paares auswirken kann. Eine wahrhaft verhängnisvolle Entwicklung. Wenn wir diese Beispiele näher betrachten, sehen wir, daß die Störung durch die Übertragung eines unausgewogenen archetypischen Bildes auf das Kind geschieht, nämlich das des Vaters oder der Mutter. Es ist oft schwer zu sagen, was im späteren Leben verheerender ist, eine zu gute Mutter oder eine harte Verstandesmutter, ein zu guter, weicher Vater oder ein unterdrückender, Angst verbreitender Vater: in diesem Zusammenhang möchte ich aber Folgendes deutlich unterstreichen: solche Übertragungen von Vater und Mutter auf das Kind geschehen, aber werden nicht bewußt gemacht. Der Grund liegt darin, daß diese Eltern als Kind oft an den gleichen Erfahrungen litten wie jene, die ihr Kind jetzt an ihnen macht. Weil sie aber nie die Kraft und die Einsicht hatten, sich von der unsichtbaren Macht ihrer Komplexe zu lösen, wird ihr eigenes Verhalten zum Kind durch diese gesteuert, ohne daß ihnen das richtig bewußt wäre. Es ist deshalb besser, im Hinblick auf die Eltern nicht von Schuld zu sprechen, sondern von Schicksal und Verhängnis.

Obschon der persönliche Schatten durch unausgewogene Einprägungen in der Seele des Kindes von einigen wenigen Archetypen entsteht, ist die Art dieses Schattens bei jedem Menschen verschieden. Er ist ein Abgrund von nicht gelebtem Leben, verdrängten Fähigkeiten, Verletzungen und Enttäuschungen, von Haß und Wut, von Sehnsucht nach Liebe und Wärme usw. So entsteht ein zweiter unbewußter und vom Ich unabhängiger Persönlichkeitsanteil, der Schatten, oder – treffender gesagt – der Dunkle Bruder oder die Dunkle Schwester. Er ist ein Persönlichkeitsanteil, der nicht in unser Leben passen will, der stört und zerstört, Angst macht und immer wieder da ist, wenn man ihn nicht erwartet und den wir darum mit aller Kraft zu verdrängen suchen. Aber je mehr wir diesen Dunklen Bruder ablehnen, um so drängender und mächtiger wird er, bis wir irgendwann im Leben entdecken, daß er stärker ist als wir – und dann bricht oft eine Welt zusammen. Unsere bewußte Persönlichkeit, die Persona bricht zusammen, ein Abgrund tut sich auf, in den wir hineinfallen, und wir sind umgeben von Schwärze, Chaos, *massa confusa* und „Dreck", wie die Alchemisten sagen, wir befinden uns in einer ausweglosen Situation.

Dann entdecken wir in uns Eigenschaften, von denen wir nie gedacht hätten, daß sie sich in uns befinden. Primitive, bösartige, aggressive, infantile und andere in jeder Beziehung nicht in unser bewußtes Leben hineinpassende Seiten. Und ohne, daß wir es wollen, sind sie plötzlich da, erfassen uns, und wir merken, daß nicht mehr wir es sind, die handeln, sondern daß eine Kraft von uns Besitz ergriffen hat und uns zu Taten hinreißt, von denen wir im nachhinein nicht mehr begreifen, wie wir sie haben begehen können. Wir sind dann in den Komplex hineingefallen, wir wurden komplexidentisch. Der Volksmund pflegt dann zu sagen: „Was ist wohl in den hineingefahren, man kennt ihn ja nicht mehr, er hat sich vergessen". Und: „Er kommt wieder zu sich". Nicht mehr wir agierten, der Komplex agierte uns. Er war stärker als unsere bewußte Seite, er entpuppte sich als – wie Jung sagt – „autonomer Inhalt", als eine vom Ich nicht abhängige, gewaltige Energie. Und je mehr wir uns anstrengen, ausgeglichen, gut, hell und beherrscht zu leben, um so mehr stellen wir fest, daß meist dann, wenn wir es am wenigsten erwarten, der Dunkle Bruder plötzlich die Führung übernimmt, oft so lange, bis rings um uns nichts mehr als Scherben sind. Oft genügt ein Wort, und in uns gibt es eine gewaltige Explosion, die offensichtlich in keinem Verhältnis zur Ursache steht. Wir verstehen uns selbst nicht mehr, wir beschuldigen uns dann vielleicht, wir geloben Besserung, aber das nützt meistens nichts. Wir mögen uns an das Wort des Apostels Paulus erinnern, der sagte: „das Gute, das ich will, das tue ich nicht, das Böse, das ich nicht will, das tue ich".

Neue Ethik

Was aber sollen wir tun? Nach der Erfahrung werden Inhalte, die zum Bewußtsein drängen, denen aber der Zugang zum Bewußtsein versperrt wird, bösartig und destruktiv. Wenn sie zu lange verdrängt werden, können sie psychosomatische und sogar physische Erkrankungen bewirken. Lassen wir aber diese Inhalte, so wie sie kommen, auf unsere Umwelt los, so wirken sie sich in dieser verheerend aus und wir riskieren, mit der Zeit unser soziales Beziehungsnetz zu zerstören, wir werden gemieden und vereinsamen. Raus lassen geht nicht, unterdrücken geht nicht, was tun? Und wer ist schuld?

Gelingt es dem Primitiven in uns, die Persona der domestizierten bewußten Persönlichkeit zu durchbrechen, so entstehen Rückfälle in die erschreckendsten Barbareien. Das erklärt auch die furchtbare Tatsache, daß, je größer der Fortschritt an technischen und wissenschaftlichen Errungenschaften ist, der Mißbrauch der Erfindungen um so gefährlicher und diabolischer wird. Aber auch im Umfeld des Einzelnen entstehen oft schreckliche Verwüstungen, wenn er unbewußt in den Schatten hineinfällt. Es ist dann oft so, als ob er von einem bösen Geist besessen wäre, der sein kultiviertes Ich solange ausblendet, bis er sich ausgetobt hat. Man ist dann nicht mehr ich selber, man „vergißt" sich, und wenn dann genügend Unheil geschehen ist, „kommt man dann wieder zu sich selber". Es ist erstaunlich, wie solche Geschehnisse immer und immer wieder nach dem gleichen Muster abzulaufen pflegen, ohne daß sich solche Menschen bewußt würden, wo die Wurzel ihres zerstörerischen Verhaltens liegt.

Nach Erich Neumann ist es die uns anerzogene Ethik, die Schuld ist an diesem anscheinend nicht lösbaren Dilemma, eine Ethik, die auf dem christlichen Grundsatz beruht: tue das Gute und verabscheue das Böse, oder psychologisch ausgedrückt: verdränge deinen Schatten.[24] So entsteht eine Spaltung in die ethische Wertwelt des Bewußtseins und eine unterdrückende wertverneinende Unterwelt des Unbewußten. Dies führt im Einzelnen und in der Menschheit zu Schuldgefühlen und zu Stauungen der nun bewußtseinsfeindlich gewordenen Kräfte des Unbewußten, deren Ausbrüche im Einzelnen zu persönlichen Katastrophen führen und im Kollektiven die Geschichte der Menschheit in einen Blutstrom ohnegleichen verwandeln.

Es war die Psychologie C. G. Jungs, die uns im Westen einen Ausweg aus diesem Dilemma aufzeigt. Jung lehnt die Herrschaft einer Teilstruktur der Persönlichkeit ab und fordert die ganze Persönlichkeit als Basis des ethischen Verhaltens. Er lehrt eine neue Ethik, die auf einer Bewußtmachung der positiven und negativen Kräfte der menschlichen Natur fußt und ihre Einbeziehung in das Leben des Einzelnen wie auch der Gemeinschaft fordert. Jung hat erkannt, daß meine Schattenseite ein Teil und Exponent der Schattenseite der Menschheit überhaupt ist, und wenn mein Schatten asozial und gierig, grausam und böse, arm und elend ist, wenn er als Bettler oder Tier an mich herantritt, dann steht hinter meiner Versöhnung mit ihm auch die Versöhnung mit dem Dunklen Bruder der Menschheit überhaupt, und indem ich ihn und in ihm mich selbst annehme, nehme ich mit ihm auch den ganzen Teil der Menschheit an, die als mein Schatten „mein Nächster" ist. Diesen gilt es, wie Jesus sagte, zu lieben wie mich selbst.

Diese neue Ethik muß aber ihre Aufgabe mit andern Mitteln erreichen als die alte. Nach wie vor können und dürfen die Gegensätze in uns nicht geleugnet werden. Während aber die Endvorstellung der alten Ethik auf die Ablehnung des Bösen, des Schattens und die einseitige Verwirklichung des Guten abzielt, also die Spaltung in Gut und Böse bewirkt, ist das Leitbild der neuen Ethik die Vereinigung der Gegensätze als Ziel eines langen Weges, den Jung als Individuationsweg bezeichnete. Diese neue Ethik legt nicht Wert darauf, daß der Mensch „gut" sei, sondern daß er den Schatten und das Gute in seinem hermetischen Gefäß, d. h. in seiner bewußten Seele zulasse, ohne sofort urteilend zuzustimmen oder abzulehnen. Urteilt nicht, fordert Jesus, und „meine Wege sind nicht eure Wege". Wissen wir immer mit Sicherheit, was letztlich „gut" oder „böse" ist? Nach der alten Ethik ist das Umgehen des Konfliktes, der entsteht, wenn das Böse oder der Schatten ins Bewußtsein dringt, gut, selbst auf die Gefahr hin, daß der betroffene Mensch z. B. in Sexualphantasien gerät. Daß auf diese Weise seine „moralisch legale" menschliche Beziehung vergiftet wird und nicht nur dieser Mensch selber, sondern auch seine Umgebung dieser Infektion anheim fällt, wird dann oft erst in einer Analyse entdeckt. Neumann weist hier auf die „sublimierenden Heiligen" hin, deren im Sinne der alten Ethik einwandfreies Dasein frei ist von erlebter Sexualität und voll Liebe zum Nächsten, soweit es das Bewußtsein betrifft. Aber, sagt Neumann, unser geschärfter Blick kann nicht die höllische Gloriole übersehen, welche diese Heiligkeit ausstrahlt. Wir erkennen als zugehörigen Rand dieser leuchtend reinen Mitte den Kranz perverser Sexualphantasien, die der Teufel als Versuchung schickt, ebenso wie den Blut- und Feuerring, der in der gehässigen Verfolgung aller Ungläubigen mit Scheiterhaufen und Folterkammern, mit Pogromen und Kreuzzügen, die Nächstenliebe des Bewußtseins bzw. dessen Sublimierungen dementiert.

In seinem Gespräch mit Alphonse Goettmann ist Karlfried Graf Dürckheim überzeugt, daß gerade jetzt, wo der Mensch glaubt, auf dem Gipfel zu sein, blind gemacht durch seine äußeren Erfolge und Zukunftserwartungen, er weiter denn je entfernt ist von der Wahrheit des Lebens und seiner persönlichen Reife. Sein aufgeblähtes „Welt-Ich" hat ihn so in die Irre geführt, daß er es als die einzige Quelle des Wissens, des objektiven Wissens, betrachtet. So ist dieses Ich der Ursprung der großen inneren Spaltung. In ihm ist die Einheit des Seins entzweigebrochen. Da das Gewicht einseitig auf den äußeren, rationalen Pol gelegt wird, erstickt die tiefere Wirklichkeit des Menschen, und so ist er getrennt vom Sein. Auch nach Graf Dürckheim führt der Durchbruch zum „Wesen" über jenen Archetyp, den Jung als „Schatten" bezeichnet. „Schattenkräfte erzeugen giftige Dämpfe", sagt Graf Dürckheim, „die über der ganzen Atmosphäre eines Menschen, seiner Ausstrahlung liegen. Die Quelle der den Menschen und seine Atmosphäre vergiftenden Kraft sind gewiß nicht nur die Eltern, sondern die Gesamtheit der durch eine Gesellschaftsordnung verpflichtenden und natürliche Impulse vernichtenden Gebote und Gesetze. In der heutigen Jugend, die durch ein immer engmaschigeres Netz moderner Leistungsordnung an ihrer natürlichen Bewegungsmöglichkeit und Freiheit weitgehend verhindert ist, erscheinen die Folgen in der Zunahme von Gewalttätigkeit und Aufruhr".

Auch Graf Dürckheim ist überzeugt, daß es einer langen eigenen Arbeit bedarf, einer Art neuen Ethik, um die mächtigen Energien des Schattens unterscheiden zu lernen und sie zu integrieren. Dürckheim befindet sich mit dieser Auffassung nahtlos auf der gleichen Linie wie

C. G. Jung, Erich Neumann, Rudolf Steiner, der tibetische Buddhismus oder die Alchemie.[25]

In seinem Aufsatz *Die Selbstverwirklichung und das Böse* hat Graf Dürckheim sich eingehend mit „der Frage auseinandergesetzt, was eigentlich ‚das Böse' ist, woran man es erkennt und wie mit ihm umzugehen ist. Diese Frage stellt sich freilich auf den verschiedenen Stufen menschlichen Reifens in durchaus verschiedener Weise. Was auf der einen Stufe ‚gut' ist bzw. als ‚gut' gilt, kann auf der anderen Stufe schon ‚böse' sein oder werden. Zunächst beschäftigt sich Dürckheim mit verschiedenen Erscheinungsformen dessen, was man als das relativ Böse bezeichnen könnte. Dabei weist er insbesondere hin auf die Problematik des ‚Schattens' im Menschen. Dieser Problematik kommt ja nicht nur tiefenpsychologische Bedeutung zu, sie ist vielmehr auch von einem nicht zu unterschätzenden Gewicht für die Ethik des Einzelnen und der Gemeinschaft."[26]

Darüber hinaus spricht Dürckheim jedoch auch von einem „absolut Bösen", das als eine Fremdmacht über den Menschen kommt und das in alldem zu erkennen ist, was bewußt auf die Vernichtung des im Menschen anwesenden und auf Offenbarwerdung drängenden LEBENS zielt. Gerade die „Seinserfahrung" konfrontiert den Menschen mit dem „Auftauchen des Widersachers", ja, es scheint, als befähige die Erfahrung des Absolut Guten den Menschen zur Begegnung mit dem „absolut Bösen". Aber auch das umgekehrte gilt: Erst aus einer gewissen Einswerdung mit dem Bösen kann jenes LICHT in uns aufbrechen, das jenseits ist von Licht und Dunkel, von Gut und Böse.

In jedem Falle aber gilt es für den Menschen auf dem Initiatischen Weg, durch alle Erfahrungen des „Guten" und „Bösen" hindurch vorzudringen zum wirklich „Absolut Guten" als dem wahrhaft übergegensätzlichen Ur-Sein und Ur-Wert. Nur so kann es dann auch zu jenem fortschreitenden Tiefer- und Weiterwerden des Wert-Urteil-Grundes im Menschen kommen, das mit echtem Reifen einhergeht.

Die Gefahr der Verdrängung

In der Praxis allerdings ist dieser Versuch, die Gegensatzspannung, d. h. Gut und Böse, in uns auszuhalten, mit enormen Schwierigkeiten verbunden. Jung vertrat die Auffassung, daß wir zunächst das Gute in uns aufs äußerste stärken müssen, um dem Aufprall unserer dunklen Seite standzuhalten. Diese erscheint dann vor allem in ihrer unverhüllten Gestalt, wenn wir uns in einer Lebenskrise befinden. Das Gesicht dieser Gestalt, dieses Dunklen Bruders, erscheint dann in unendlichen Variationen, als Angst und Verzweiflung, als tiefste Enttäuschung und schmerzlichste Sehnsucht, als Wut und Aggression, als Trauer und Resignation und als Gefühl, am Wesentlichen im Leben vorbeigegangen zu sein. In uns sträubt sich dann alles, dieser dunklen Gestalt ins Antlitz zu schauen und instinktiv versuchen wir, wegzusehen und sie zu verdrängen. Der Mittel hierzu sind heute viele, vorab der Mißbrauch der Psychopharmaka, dann der Alkohol und die Drogen, Arbeitswut, Vergnügungssucht oder auch Flucht aus dieser Welt in eine heile esoterische Welt. Doch einmal erwacht, versucht der Schattenbruder mit jedem Mittel aus seinem Gefängnis auszubrechen. Oft kommt er dann als Projektion von außen her wieder auf uns zu. Die Welt, der Nachbar, der Partner scheint dann böse, kalt und häßlich. Verdrängt kann der Schatten aber seine destruktive Wirkung auch im Menschen selbst entfalten, als schwere psychosomatische Störungen bis hin zu körperlichen Erkrankungen und Tod.

Das Verdrängen des Schattens kann ohne Zweifel zu äußerst gefährlichen Folgen führen. Ebenso verheerend ist das unbewußte Ausleben des Schattens, das identisch werden mit ihm. Beim geringsten Anlaß pflegen wir dann unbeherrscht zu explodieren, obschon uns dann oft im Nachhinein bewußt wird, daß die auslösende Ursache und das Ausmaß des Wutanfalls in keinem Verhältnis stehen. Mit wenig Einsicht wird offensichtlich, daß nicht wir es waren, die handelten, sondern wir wurden durch eine Macht in uns gezwungen, uns so zu verhalten, ohne daß wir dagegen etwas tun konnten. Wir wurden identisch mit dem Dunklen Bruder, wir fielen in den Komplex. Ein solches Austoben des Komplexes kann bis zum Totschlag im Affekt führen. Auch diese Lösung führt also zu nichts Gutem. Beim Einzelnen zerstört sie seine Beziehungen zur Umwelt, führt zu Unfrieden und Streit und läßt ihn dann vereinsamen. Beim Kollektiv führt sie zu Krieg und Zerstörung.

Verdrängung des Dunklen Bruders wirkt krankmachend, unbewußtes Ausleben zerstörend. Was tun? Wenn wir diese gestaute Libido nicht verdrängen, aber auch nicht ausleben, so ist sie zunächst in unserem „hermetischen Gefäß", d. h. in unserer bewußten Psyche. Wenn wir diese gewaltigen Energien nicht verdrängen, aber auch nicht sofort blind ausleben, so leben wir doch in fortwährender Angst, diesen Druck nicht auszuhalten und demnächst entweder zu explodieren oder in ein unendlich tiefes, schwarzes Loch zu versinken. Jung hat nun hier einen Weg aufgezeigt, der mit großer Geduld und *concedente Deo*, mit Gottes Hilfe, den Dunklen Bruder aus dem Gefängnis des Unbewußten zu befreien und als Folge immer tiefer zu entspannen vermag. Zunächst ist es nötig, uns vom Dunklen Bruder zu unterscheiden. Ich „habe" einen Schatten und was ich habe, bin ich nicht. Wenn ich einen Kugelschreiber in der Hand habe, bin ich deswegen offensichtlich kein Kugelschreiber. Spüren wir aber z. B. eine Wut in uns, dann nehmen wir selbstverständlich an, daß in jedem Fall und ausschließlich wir es sind, die wütend sind. Mit etwas Reflexion können wir aber leicht feststellen, daß die Wut da ist, ob wir wollen oder nicht. Wir können nicht verhindern, daß sie plötzlich da ist. Sie ist offensichtlich von unserem Ich weitestgehend unabhängig, sie ist, wie Jung sagt, ein autonomer Inhalt. Für einen Inhalt, der da ist, ob das Ich ihn nun will oder nicht, ist das Ich, wenn überhaupt, nur bedingt verantwortlich. Es ist darum wenig sinnvoll, ja falsch, uns mit Vorwürfen zu überhäufen, uns schuldig zu erklären und in der Folge minderwertig zu fühlen, wenn der Dunkle Bruder wieder einmal mit seiner erschreckenden Gewalt in unser Bewußtsein drängt. Wir müssen eine andere Lösung finden. „Auf der Wut zur Erlösung reiten", sagt ein tibetisches Sutra. Offensichtlich betrachten die Tibeter den Schatten nicht als ein moralisches, sondern als ein energetisches Problem. Nicht verdrängen, sondern wandeln sollen wir diese Energie, dann wird sie uns immer mehr tragen und wir können schließlich „auf ihr reiten". Jung vertritt den gleichen Standpunkt und verweist in diesem Zusammenhang auf die Alchemie. „Wo Dreck, da Gold", sagen die Alchemisten. Wie der tantrische Buddhismus, so betrachten auch sie den Schatten, den „Dreck", als eine große Kostbarkeit, ohne den kein Weg zur Erlösung führt.

Wie aber ist dies möglich? Therapeutisch beginnt der Versuch mit unseren Emotionen zu leben, mit dem, was wir im Buddhismus als „unterscheidendes Erkennen" bezeichnen. Dieses bezieht sich auf unsere Fähigkeit, aus dem emotionalen „Tornado" herauszutreten, d. h.

seinen Ausbruch sozusagen von außen wahrzunehmen. Dieses unterscheidende Erkennen ermöglicht uns, beim plötzlichen Hervorbrechen von Emotionen bewußt zu bleiben. Was aber nicht bedeutet, diese zu kontrollieren. Es geht darum, ihre Manifestation einfach zuzulassen, ein schwieriges Unterfangen. Gelingt es, den aufgewühlten Geist in solchen Momenten in einem klaren und von Gedanken relativ freien Zustand zu halten, wird es uns immer besser gelingen, unsere Emotionen und Gefühle schon bei ihrem Entstehen als einen autonomen Inhalt aus unserem Unbewußten zu erkennen und uns von ihm zu unterscheiden.

Wir sollen also, wie es in der Bibel heißt, „dem Bösen nicht widerstehen". Es heißt nicht, tue das Böse, sondern widerstehe ihm nicht. Psychologisch heißt das ohne Zweifel, daß wir uns unseres Dunklen Bruders bewußt werden sollen. Denn dieser ist unser Nächster. Nicht nur einfach zulassen sollen wir ihn, sondern verstehen und ihm Gefühl entgegen bringen. Denn er ist es, der alle Schläge, Verletzungen, Enttäuschungen in unserem Leben getragen hat. Er ist das Kind, das Liebe suchte und nie erfahren hat, er ist es, der kreative Seiten nicht entfalten konnte, weil sie unterdrückt wurden. Der Schattenbruder ist unser Drittweltland, und wir sollten dieses endlich ins Licht, in unser Bewußtsein eintreten lassen. Dann wird er uns seine „Rohstoffe" offenbaren, dort werden wir jene Kräfte finden, die wir auf unserem inneren Entfaltungsweg brauchen. Wenn wir so das sogenannte „Böse" nicht mehr bekämpfen, sondern in uns zulassen, dann wird es sich im hermetischen Gefäß wandeln. Denn wissen wir wirklich, was „gut" und was „böse" ist? Positives, Lebensfähiges, Kreatives wird, wenn es nicht bewußt werden kann, destruktiv. Urteilt nicht, sagt darum Christus. Damit meint er nicht in erster Linie das Urteil über andere Leute, sondern verurteile dich nicht immer selbst. „Sage nie, ich bin ein Sünder", sagte der große indische Meister Swami Muktananda immer wieder.

In seinem Büchlein *Aktive Meditation* umschrieb der verstorbene Meister Tschögyam Trungpa den tibetischen Standpunkt zur Schattenproblematik wie folgt:

Es heißt – ich glaube im Lankavatara-Sutra – daß unfähige Bauern ihren Abfall fortwerfen und von anderen Dünger kaufen. Fähige Bauern aber sammeln ihren Abfall trotz schlechten Geruchs und schmutziger Arbeit, und wenn er gebrauchsfähig ist, verteilen sie ihn über ihren Acker, und aus dem so gedüngten wächst die Frucht. Das ist der richtige Weg. In gleicher Weise werden, so lehrt Buddha, die Unwissenden das Reine vom Unreinen trennen und

Samsara fortwerfen wollen auf der Suche nach Nirvana. Die wissenden Bodhisattvas aber werfen nicht Begierde, Leidenschaften und anderes fort, sondern sammeln sie zunächst. Das bedeutet, daß man sie zuerst erkennen und bejahen, sie erforschen und erfahren muß. Deshalb bejaht der Bodhisattva die negativen Dinge und nimmt sie an. Nun weiß er, daß er wirklich alle diese fürchterlichen Dinge in sich trägt, und wenn es auch sehr schwer und sozusagen unhygienisch ist, arbeitet er weiter mit ihnen. Dies ist für den Anfang die einzig richtige Art. Dann wird er sie auf dem Feld des Bodhi ausstreuen. Wenn aber die Zeit reif ist und er alle diese (...) negativen Dinge erforscht hat, dann behält er sie nicht mehr, sondern benutzt sie als Dünger. So entsteht aus diesen unsauberen Dingen der Samen, der die geistige Erfahrung ist. Auf solche Weise erwacht sie.

Dagegen spaltet schon der Gedanke, daß Vorstellungen oder dieses und jenes Ding schlecht sind, das Ganze, so daß überhaupt nichts übrigbleibt, mit dem man umgehen kann. In einem solchen Falle muß man entweder vollkommen sein oder sich durch alle diese Dinge durchkämpfen und versuchen, sie zu vernichten. Bei dieser feindlichen Einstellung aber wird jedes Mal, wenn etwas ausgerissen ist, ein anderes an seine Stelle treten, und wenn man dieses angreift, kommt von irgendwoher wieder ein anderes. Dies ist die beharrliche List des Ichs. So wird man beim Versuch, einen Teil des Knotens zu entwirren, den andern Teil nur noch fester anziehen. Immer bleibt man in der Falle. Es ist deshalb richtig, nicht weiter zu kämpfen und das Schlechte zu entfernen, um das Gute zu erlangen, sondern man muß es respektieren und anerkennen. Auf diese Weise haben Theorie und Vorstellungen ihr Gutes und werden zum ausgezeichneten Dünger.

Wir haben in Tausenden und Tausenden von Leben so viel Abfall angesammelt, daß wir jetzt über eine herrliche Fülle an Dünger verfügen. Er enthält alles Notwendige, so daß er genau das Richtige ist und es eine Schande wäre, ihn fortzuwerfen. Wenn man dies tut, dann ist das ganze bisherige Leben bis auf den heutigen Tag – mögen es zwanzig, dreißig oder vierzig Jahre sein – vergeudet.[27]

Das unterscheidende Erkennen

Das „unterscheidende Erkennen“ (Buddhismus) der Autonomie des Schattens ist insofern von entscheidender Bedeutung, als es uns hilft, vom Gefühl wegzukommen, ein Schuldiger zu sein, ein Sünder usw. In der Praxis ist aber immer wieder zu beobachten, wie viele Menschen, besonders religiöse, sich intensiv bemühen, ein „besserer Mensch“ zu werden. Kratzt man etwas an der Fassade dieser religiösen Korrektheit, entdeckt man bald tiefe Unsicherheiten, einen Mangel an Selbstwert und Selbstakzeptanz. Es entsteht so ein dringendes Bedürfnis nach Liebe und Akzeptanz und gleichzeitig auch das gefährliche Bedürfnis, die narzißtische Verwundung zuzudecken durch religiöses „Gutsein", was aber die Wurzel des Problems nie heilt. Im Gegenteil.

In einem Brief an Pater Viktor White schreibt Jung, daß der erste Schritt auf dem Weg zur Individuation die Unterscheidung zwischen sich und dem Schatten sei.[28] Allerdings: in der Konfrontation mit der Dunkelheit muß man sich an das Gute klammern, sonst verschlingt uns der Teufel. Jung meint, vom Standpunkt der Historie aus gesehen, befänden wir uns heute in der Phase der Dunkelheit und in einer Zeit der Weltspaltung und der Entwertung Christi. Nach ihm ist Christus allerdings kein vollständiges Symbol des *Selbst*. Er will dieses aber nicht verwerfen, sondern bewahren und zu diesem *lumen de lumine* die Dunkelheit hinzufügen, um das Symbol des vollkommenen Gegensatzes in Gott zu gestalten. Oder anders gesagt, sich im Guten (was immer dies sei) fest zu verankern, um so dem Aufprall des Bösen standzuhalten. Jung unterscheidet also zwischen der Vollkommenheit, die im Christusbild erreicht wird, und der Vollständigkeit, die der Archetypus des *Selbst* meint. Das Individuum will sich zwar um Vollkommenheit bemühen, muß aber zugunsten seiner Vollständigkeit sozusagen das Gegenteil seiner Absicht erleiden. Diese Konfliktsituation findet sich auch bei Paulus: „Ich stoße also auf das Gesetz, daß in mir das Böse vorhanden ist, obwohl ich das Gute tun will."[29]

Die Einsicht in den eigenen Schatten ist natürlich immer mit der Gefahr verbunden, daß man ihm trotzdem verfällt. Anderseits ist jedoch nur in der Begegnung mit dieser Gefahr die Möglichkeit der Entscheidung gegeben, ihm nicht zu verfallen. Nur über diese Konfrontation hat der Mensch die Möglichkeit, seiner moralischen Infantilität und der Verblendung über sich selbst zu entwachsen.

Mit etwas Selbstreflexion dürfte es wohl nicht allzu schwer sein, die Notwendigkeit der Bewußtmachung des Schattens und die Versöhnung und Wandlung dieses Dunklen Bruders in uns einzusehen. Die Gefahr ist aber groß, daß aus dieser Einsicht heraus die Versuchung entsteht, zuerst der Welt, d. h. den anderen diese neue Erkenntnis zu predigen, um so dieser harten und gefährlichen Arbeit an sich selber aus dem Wege zu gehen, obschon man im Grunde genommen weiß, daß in der Gesellschaft nichts Wirkliches geschieht, wenn nicht der Einzelne sich wandelt. Was in unserer Reichweite liegt, ist die eigene Wandlung und die Beeinflussung von ähnlich Gesinnten im eigenen engeren und weiteren Umkreis. Auch damit ist nicht etwa ein „Predigen“ gemeint, sondern die Erfahrungstatsache, daß einer, der Einsicht in sein eigenes Tun und damit einen Zugang zum Schatten gefunden hat, unbewußt eine Wirkung auf seine Umgebung ausübt. So wie das Wasser (das Kollektiv) den Geschmack des Salzes (des Unbewußten des Einzelnen) annimmt, wenn es mit diesem in Berührung kommt. Auf dieser Grundlage vollzieht sich die geistige Veränderung der Menschheit, allerdings in fast unmerklich langsamen Schritten über Jahrhunderte, und keine rationalen Überlegungen können diesen Prozeß aufhalten oder beschleunigen, sagt Jung.

Der Weg zur Versöhnung

Aus dem bisher Dargelegten läßt sich erkennen, daß in der Konfrontation mit dem Schatten drei grundsätzlich verschiedene Reaktionsmöglichkeiten bestehen. Der erste Standpunkt besteht darin, einen weiten Bogen um das Problem zu machen und den Schatten zu verdrängen und zu unterdrücken. Man kann aber auch umgekehrt sich mit dem Schatten identifizieren und ihn ausagieren, d. h. komplexidentisch reagieren. Die dritte Möglichkeit ist die von C. G. Jung, Erich Neumann, Graf Dürckheim, dem Tibetischen Buddhismus u. a. vertretene „Versöhnung mit dem Schatten“. Diese besteht darin, daß der Schatten weder unterdrückt, noch blind ausgelebt wird, sondern zunächst einmal als ein vom Ich unterschiedener autonomer psychischer Inhalt wahrgenommen und angenommen wird. Diese Lösung zielt nicht darauf, das Böse unwirksam zu machen, indem es verdrängt oder sublimiert wird, indem das Individuum an die bestehenden Moralnormen gebunden wird oder, wie es Freud vertritt, durch Sublimation über die Schulung des Logos als Gegenpol gegenüber den Mächten der Ananke (dem Unheilvollen des Schicksals oder Unbewußten). Ebensowenig läßt die Versöhnung mit dem Dunklen Bruder die Lösung Nietzsches zu, nämlich die Schaffung eines „Übermenschen“, in welchem er nicht nur die Verwirklichung des Dionysischen im Menschen, sondern auch das Böse im Untermenschen, die „blonde Bestie“ preist. Dieser Übermensch ist gnadenlos und lehnt auch den „häßlichen Menschen“ ab, nämlich den gewöhnlichen Menschen, der man eben ist. Nach Nietzsche darf der Schatten nicht gesehen, sondern muß geleugnet, umgebogen werden, für einen solchen Menschen muß die Sonne immer strahlen und alles strahlt ihr Licht zurück. Nirgends ist hier Raum gelassen für prestigehemmende Schwäche – oder den Schatten.

Sowohl die „verdrängend-sublimierende“ als auch die „auslebende“ Lösung treffen sich in einem Punkt: in der Einseitigkeit. Aus dieser Einseitigkeit heraus führt die Realisierung des Schattens, d. h. das Annehmen der eigenen Unvollkommenheit – eine außerordentlich schwere Aufgabe, ein ethisches Problem erster Ordnung. Sie bedeutet ein Innewerden der inferioren Persönlichkeit, die nicht in ein intellekt-ethisches Phänomen umgefärbt werden darf, weil das Innewerden ein den ganzen Menschen angehendes Erleben und Erleiden bedeutet. Dieser Aufgabe stellt sich aber in der Regel nur der Mensch, dessen seelische Nöte ihn dazu zwingen, um dort vielleicht die Wurzel seines Leidens zu finden.

„Nur gut ist schlecht“

Eine katholische Nonne eines pflegenden Ordens erzählte mir einmal Folgendes: Sie sei tief erschrocken zu beobachten, wie Mitschwestern, wenn sie alt und sehr krank und leidend werden, oft ihren Charakter verändern. Obschon sie mit Sicherheit wisse, daß diese Schwestern ein Leben lang ehrlich bemüht waren, immer mit einem Lächeln auf den Lippen, ein gottgefälliges Leben zu führen, dem Nächsten zu dienen und den Kranken zu helfen, wurden sie im Verlauf ihrer Krankheit zunehmend mißtrauisch, bösartig bis zu einem Ausmaß, daß auch ihre Sprache oft grob, ja unflätig wurde. Diese Entwicklung sei ihr unbegreiflich, sagte mir diese Nonne. Es ist offensichtlich, daß das „Gutsein“ dieser Nonnen auf Kosten ihrer „Drittweltland-Seite“ ging, bzw. ihrer Schattenseite, die sie nach Kräften unterdrückten und deshalb mit dem Schatten identisch wurden. Als dann im Alter und infolge Krankheit die physische, psychische und geistige Spannkraft immer mehr nachließ, fehlte diesen Nonnen die Energie, ihren Schatten weiter zu verdrängen, so daß sie seiner Macht immer mehr verfielen und ihn dann projizierten. Ein sündeloses, religiöses Leben ist also keine Gewähr, nicht in eine Depression zu fallen bzw. dem Schatten zu verfallen. Martin Luther wußte das genau. Er wußte zum Beispiel auch, worauf die Melancholia und die Depression seines Freundes Melanchthon beruhte. Darum sagte er ihm: „Melanchthon, du sündigst zu wenig. Pecca, fortiter pecca! Sündige, aber kräftig!“[30]

Vajrapani

Abb. 1: Vajrapani: Symbol zur Überwindung destruktiver Kräfte.

Was hier projizierte, war nicht das bewußte Subjekt, sondern das Unbewußte. Nach Jung findet man eine Projektion vor, man macht sie nicht. Die Folge ist eine Isolierung des Subjekts gegenüber der Umwelt, indem statt einer wirklichen Beziehung zu dieser nur eine illusionäre vorhanden ist. Die Projektionen verwandeln die Umwelt in das eigene, aber unbekannte böse Gesicht. Sie führen darum in letzter Linie zu einem autoerotischen oder autistischen Zustand, in dem man eine Welt träumt, deren Wirklichkeit unerreichbar bleibt. Das daraus entstehende Gefühl der Sterilität wird dann durch Projektion als Böswilligkeit der Umgebung erklärt. Je mehr Projektionen zwischen das Subjekt und die Umwelt hinein geschoben werden, desto schwerer wird es dem Ich, seine Illusion zu durchschauen. So verpfuscht denn ein Mensch sich selber und den andern das Leben, weil er nicht einsehen kann, daß die ganze Tragödie von ihm selbst ausgeht und von ihm immer wieder aufs neue genährt und unterhalten wird.

Nach Jung sind Schatten und Moral wie Seiten des gleichen psychologischen Dilemmas. Wie aber können wir mit dem Schatten leben, ohne ihn zu einem unterdrückenden und zunehmend krank machenden Zustand zu zwingen? Wie geht das in der Praxis? Wie wir gesehen haben, besteht der wichtigste Schritt darin, daß wir lernen müssen, uns vom Schatten als eines relativ autonomen Inhalts im persönlichen Unbewußten zu unterscheiden. Das hilft uns, der Falle des sich immer sündig und schuldig Fühlens, was in der Regel zur Verdrängung des Schattens führt, besser zu entkommen. Eine, wie wir gesehen haben, gefährliche Entwicklung. In veränderter Gestalt, nämlich als Projektion, übt er dann, wie es in Goethes *Faust* heißt, grimmige Gewalt. Bei einem „nur gut" Sein-Wollen des Menschen führt das nicht nur über Projektion in eine schleichende Zerstörung seines sozialen Umfelds.

Die Macht des Namens

Nachdem es gelungen ist, den Dunklen Bruder als einen autonomen Inhalt zu erkennen, geht es nun darum, diesem Inhalt einen symbolischen Namen zu geben, ihn zu benennen. Die Schaffung dieses Symbols gibt die Möglichkeit, einen nicht-rationalen Inhalt zu fassen und damit bewußt zu machen. Auch in der Praxis der Schamanen spielt der Name eine große Rolle. Wenn ich in der Lage bin, der Komplex-Störung einen Namen zu geben, bekomme ich Macht über sie, kann sie „fassen" und in den „Griff" bekommen. Ein klassisches Beispiel für diesen Vorgang ist das Grimmsche Märchen vom „Rumpelstilzchen", die Geschichte der schönen Müllerstochter, die mit Hilfe eines kleinen Männchens zur Königin wurde. Dieses hatte aber auch eine gefährliche, bösartige Seite, verlangte es doch von der Müllerstochter als

Lohn ihr erstes Kind, sobald sie Königin sei. Sie versprach dem Männchen, was es verlangte und verfiel so seiner Macht. Von dieser wurde die Königin erst frei, als das Rumpelstilzchen einmal im Übermut seinen Namen verriet. Wie beim Rumpelstilzchen gilt es, den Schatten als solchen zu erkennen und zu benennen, d. h. ihn in einem Symbol zu fassen. Die Benennung des Schattens mit einem symbolischen Namen, z. B. „Dunkler Bruder“, verhindert, daß wir mit dem Schatten identisch werden, so daß wir uns von ihm unterscheiden können. Nur wenn dies gelingt, ist es möglich, ihn zu fassen und mit ihm weiter umzugehen. Jung stellte fest, daß die Psyche die Tendenz hat, diese Inhalte zu personifizieren und zu dramatisieren, so daß sie dann als Träume, Tagträume, Halluzinationen und Visionen erfahrbar werden. Solange sie nicht als solche bewußt sind, neigen sie dazu, sich zu verselbständigen und das Individuum zu obsedieren. Diese Energien sind dann zu einem Dämon geworden, einem Begriff, der dem modernen Mensch Schwierigkeiten bereitet. Jung sagte, wenn er vor zwei- oder dreitausend Jahren vor griechischen Zuhörern von der Stimme eines Dämons gesprochen hätte, dann hätte das keine Schwierigkeiten gemacht. Sie hätten es sofort akzeptiert, denn die Figur des persönlichen „daimon“ war ihnen vollkommen vertraut. Sokrates hatte seinen „daimon“. Jeder hatte seinen „synopados“, seinen Begleiter und Nachfolger, den „Schatten“, verstanden als der persönliche „daimon“. Das hätte bei ihnen nichts Mysteriöses und Böses und nichts Göttliches angedeutet. Der „daimon“ wurde einfach nicht in den Kategorien von gut und böse gesehen, sondern als eine Energie, die zu einem spricht oder einen beherrscht, manchmal hilfreich, manchmal auch lästig. Der „daimon“ war eine Macht, die überlegen sein oder die einem gewaltsam in die Quere kommen konnte.

Umarme Deine Wut

Es gibt heute in zunehmendem Maß Menschen, denen bewußt wird, daß zwei Verhaltensweisen die Schattenproblematik nicht lösen: Verdrängen und projizieren, das unbewußte Ausleben der inferioren Persönlichkeit. Solche Menschen erkennen, daß die Annahme des Dunklen Bruders die erste und wohl wichtigste Voraussetzung zu dessen Erlösung ist. Mit dem bloßen Erkennen des Zieles, nämlich der Notwendigkeit der Versöhnung mit dem Dunklen Bruder, ist es nicht getan.

Mit dieser Erkenntnis stehen wir erst am Anfang in der Lösung einer großen und schwierigen Aufgabe, die „gelernt" werden muß. Es geht allerdings nicht um das Erlernen einer Technik, insofern Technik eine bekannte oder vielleicht sogar vorgeschriebene Regel bedeutet, mit einer schwierigen Aufgabe fertig zu werden. Nach Jung ist es eher ein mit Diplomatie oder Staatskunst zu vergleichendes Procedere, mit langen und schwierigen Verhandlungen zwischen zwei bisher verfeindeten Parteien. Und niemand weiß, wie solche Verhandlungen ausgehen. Zunächst ist es notwenig, die Gefahr der Identifikation mit dem Schatten zu erkennen. Wo Identifikation geschieht, ist auch keine Auseinandersetzung mit dem Schatten möglich. Erste und wichtigste Erkenntnis ist die Tatsache, daß der Mensch einen Schatten *hat*, aber nicht *ist*. Ohne diese Einsicht verdrängen wir entweder, oder wir handeln komplexidentisch. Nur durch „erkennendes Unterscheiden", wie es im tibetischen Buddhismus heißt, ist eine Verständigung mit dem inneren – und äußeren – „Feind" möglich. Dieses „erkennende Unterscheiden" erlaubt es uns mit der Zeit, immer besser einen beobachtenden Standpunkt einzunehmen, der es erlaubt, dem Dunklen Bruder, d. h. dem Schatten, zunächst einmal zu begegnen. Als nächsten Schritt sollten wir versuchen, ihn nicht als ein moralisches, sondern als ein energetisches Problem zu erkennen. Beim Schatten handelt es sich in der Regel um vitale, aber am Leben gehinderte oder unterdrückte Energien. Jede vitale Energie aber, die sich nicht natürlich entwickeln kann, wird negativ und destruktiv und erscheint deshalb dem Bewußtsein als „abscheulicher Dreck", wie die Alchemisten sagen. In der Sprache der Alchemie heißt es aber weiter, „wo Dreck, da Gold". Oder umgekehrt: „kein Dreck, kein Gold". Mit Gold ist hier natürlich der Wandlungsweg zum „höheren Menschen" gemeint.

Nicht mehr das repressive männliche „Tun" ist also die Antwort auf das Problem des Schattens, sondern das erbarmende weibliche „Lassen". Denn aus dieser weiblichen Einstellung heraus entsteht jene „Gelassenheit", die schließlich zur Bewußtmachung und damit Erlösung des Dunklen Bruders führt. Nachdem Buddha den geistigen Zustand des Erwachtseins erfahren hatte, erkannte er, daß Askese und Selbstkasteiung keine Hilfe sind. Seinen verborgenen Ängsten, Begierden und Aggressionen, denen er in der Gestalt des *Mara*, des Dunklen Bruders begegnete, brachte er „Maitri", das liebende Erbarmen entgegen. Und so wurde – so steht es in den Schriften – jeder Pfeil *Maras* zu einem Blumensegen, der auf Buddha herabfiel.

Jungs Methode zur Integration des Schattens ist die „Aktive Imagination“. Darunter versteht Jung einen Übungsweg zum Emporheben, Beleben und Bewahren der Bilder des kollektiven und persönlichen Unbewußten. Die einfachste Definition der Aktiven Imagination ist vielleicht die, daß sie uns die Möglichkeit gibt, Verhandlungen zu eröffnen und uns mit diesen Kräften oder Gestalten des Unbewußten allmählich zu einigen. In dieser Hinsicht unterscheidet sie sich vom Traum, in dem wir keine Kontrolle über unser eigenes Verhalten haben. Der erste Schritt der Aktiven Imagination ist in der Regel, den Traum oder die Emotion sehen oder hören zu lernen, während man wach ist. Jung schreibt in seinem Kommentar zum *Das Geheimnis der Goldenen Blüte*: „Aber bei jeder Beobachtung muß die Tätigkeit des Bewußtseins aufs neue zur Seite geschoben werden. Die Resultate dieser Bemühungen sind zunächst in den meisten Fällen wenig ermutigend. Es handelt sich meist um eigentliche Phantasiegespinste, die kein deutliches Woher und Wohin erkennen lassen. Auch sind die Wege zur Erlangung der Phantasien individuell verschieden. Manche schreiben sie am leichtesten, andere visualisieren sie, und wieder andere zeichnen und malen sie mit oder ohne Visualisierung. Bei hochgradigem Bewußtseinskrampf können oft nur die Hände phantasieren, sie modellieren oder zeichnen Gestalten, die dem Bewußtsein oft gänzlich fremd sind. Diese Übungen müssen solange fortgesetzt werden, bis der Bewußtseinskrampf gelöst, bis man, mit anderen Worten, geschehen lassen kann, was der nächste Zweck der Übung ist. Dadurch ist dann eine neue Einstellung geschaffen. Eine Einstellung, die auch das Irrationale und Unbegreifliche annimmt, einfach weil es das Geschehende ist. Diese Einstellung wäre Gift für einen, der sowieso schon vom schlechthin Geschehenden überwältigt ist; sie ist aber von höchstem Wert für einen, der durch ausschließlich bewußtes Urteil stets nur das seinem Bewußtsein Passende aus dem schlechthin Geschehenden ausgewählt hat und damit allmählich aus dem Strom des Lebens heraus in ein totes Seitengewässer geraten ist.“[31] Andernorts schließt Jung Bewegung und Musik in die Methoden, durch die diese Phantasien zu erreichen sind, ein.

Eines Tages kam die Mutter eines etwa 17-jährigen Mannes mit folgendem Problem zu mir. Ihr Sohn sei von Kindheit an ein außerordentlich liebes Kind gewesen und sei heute ein talentierter Pianist. Nun aber stelle sie seit einiger Zeit fest, daß dieser so liebe Sohn ihr gegenüber sich immer bösartiger verhalte. Immer wenn sie ihn umarmen wolle, werde ihr Sohn wütend, und es komme sogar vor, daß er sie dann ohrfeige. Ob ich nicht mit ihm einmal sprechen könne. Aus dem weiteren Gespräch ergab sich dann recht eindeutig, daß es sich bei dieser Mutter um den Typ der sogenannten „verschlingenden Mutter" handelte. Ich war einverstanden unter der Bedingung, daß ihr Sohn freiwillig zu mir käme. Eines Tages besuchte er mich und saß äußerst mißtrauisch und ablehnend mir gegenüber. Wir schwiegen uns zunächst einmal an. Dann aber bemerkte ich zu ihm, daß auch bei mir bei einer solchen Mutter Wut hochkommen könnte. Damit war das Eis gebrochen, und er erzählte mir von seinen Ängsten, in diesem Mutterliebe-Sumpf endgültig zu versinken und zu ersticken. Ich sagte ihm, daß Ohrfeigen weder das Verhalten seiner Mutter noch seine Wut ändern würden und empfahl ihm, statt zu explodieren dieser Wut im Klavierspiel Ausdruck zu geben. Er meinte, daß er das gut verstehe und probieren wolle. In der nächsten Stunde erzählte er mir von der großen Entspannung und Erleichterung, die ihm diese Methode bringe. Das Problem sei allerdings, daß seitdem das Klavier verstimmt sei.

Es geht also darum, den Strom der Gedanken und Phantasien unzensiert bewußt werden zu lassen und zu objektivieren. Im Zentrum des westlichen Yoga-Weges steht nicht ein Tun, sondern ein Lassen. Freilich ein Lassen, das „aktiv" ist, ein Sich-öffnen, das sich nicht mit selbstgemachten, oberflächlichen Phantasien abgibt, sondern die „Einbildung" der Wahrheit geschehen läßt. Wenn es gelingt, die aufsteigenden Bilder und Botschaften sich in ihrer eigenen inneren Konsequenz entwickeln zu lassen, dann kann nach Jung der Prozeß der Befreiung von den quälenden Widersprüchen eintreten. „Und was taten diese Menschen, um den erlösenden Fortschritt herbeizuführen? Soweit ich sehen konnte", schreibt Jung, „taten sie nichts (wu wei), sondern ließen geschehen, wie der Meister Lü Dsu es lehrt, daß das Licht nach eigenem Gesetz rotiere, wenn man seinen gewöhnlichen Beruf nicht aufgebe. Das Geschehenlassen, das Tun im Nicht-Tun, das ‚Sich-lassen' des Meisters Eckhart wurde mir zum Schlüssel, mit dem es gelingt, die Türe zum Weg zu öffnen: *Man muß psychisch geschehen lassen können*. Das ist für uns eine wahre Kunst, von welcher unzählige Leute nichts verstehen, indem ihr Bewußtsein ständig helfend, korrigierend und negierend dazwischen- springt und auf alle Fälle das einfache Werden des psychischen Prozesses nicht in Ruhe lassen kann."[32]

Jung vertrat die Auffassung, daß für einen Menschen, dem sein Glaube nicht mehr gegen die Neurose hilft, es besser ist, daß er das, dessen er bedarf, demütig annimmt, gleichgültig, wo er es antrifft, wenn es ihm nur hilfreich entgegenkommt. „Der Christ braucht keineswegs seine religiöse Überzeugung zu verleugnen, wenn er Anleihen beim Buddhismus aufnimmt, denn er kommt damit der Aufforderung des Apostels nach: *Omnia antem probate, quod bonum est, tenete*. Zu diesem Guten, das man behalten soll, gehören zweifellos viele der Lehren Buddhas, die überdies auch dem, der sich keiner christlichen Überzeugung rühmen kann, vieles zu bieten haben. Sie vermitteln dem westlichen Menschen Möglichkeiten zur Disziplinierung seines seelischen Innenlebens, die seine verschiedenen Christentümer in oft beklagenswerter Weise vermissen lassen. Die buddhistische Lehre kann sich darum gerade dort als hilfreiche Erziehung erweisen, wo entweder das Mittel des christlichen Ritus oder die Dominierung durch Glaubensvorstellungen versagen, wie dies bei psychogenen Störungen nur zu häufig der Fall ist. Wenn ich daher vom ärztlichen Standpunkt aus die vielfache Hilfe und Anregung, die ich gerade der buddhistischen Lehre verdanke, anerkenne, so bewege ich mich auf einer Linie, welche sich etwa zwei Jahrtausende weit in die menschliche Geistesgeschichte zurückverfolgen läßt“, sagt Jung.

Auch die tibetisch-buddhistische Psychologie insistiert auf der Notwendigkeit, den Schatten bewußt zu machen. Lama Trungpa schreibt dazu Folgendes: „Das Ziel der inneren Erfahrung ist nicht nur, den Zustand des Erwachtseins zu erreichen und zu verstehen, während man vorgibt, die andere Seite nicht zu kennen. Denn so betrügt man sich selbst. Jeder ist sein eigener bester, vertrautester Freund, sein engster Begleiter. Man kennt seine eigenen Schwächen und Unbeständigkeiten, man weiß, wieviel Unrechtes man getan hat, man weiß es mit allen Einzelheiten. Deshalb hilft es nichts, wenn man versucht und vorgibt, es nicht zu wissen oder wenn man an diese Seite nicht denken will, sondern nur an die gute. Das würde bedeuten, daß man noch weiter Abfall anhäuft. Tut man dies aber auf solche Weise, dann hat man nicht genügend Dünger, um von dem wunderbaren Bodhi-Feld Ernte einzubringen. Man sollte also durchgehen und sich bis zu seiner Kindheit zurückprüfen.“

Es gibt eine Geschichte von Brahma, der eines Tages einer Predigt Buddhas zuhörte. Da fragte ihn Buddha: „Wer bist Du?“ Und zum ersten Mal begann Brahma, in sich hineinzublicken und sich selbst zu prüfen (Brahma, der das Ich personifiziert). Aber er konnte dies nicht ertragen. Er antwortete: „Ich bin Brahma, der Große Brahma, der Höchste Brahma.“ Da fragte ihn Buddha: „Warum kommst Du dann nur, um zuzuhören?" Und Brahma antwortete: „Ich weiß es nicht." Da sprach Buddha zu ihm: „So blicke in deine Vergangenheit zurück." Dies tat Brahma, der die wunderbare Begabung hatte, seine vielen vergangenen Leben zu erblicken. Aber er konnte es nicht ertragen. Er brach zusammen und schluchzte. Da lobte ihn Buddha: „Gut gemacht, Brahma. So ist es gut." Das also war das erste Mal, daß Brahma seine wunderbare Fähigkeit, in seine Vergangenheit zu schauen, angewendet hatte und endlich die Dinge klar sah. Dies will nicht besagen, daß ein Mensch dabei zusammenbrechen und unglücklich sein muß. Aber es ist wichtig, sich zu prüfen und durch alles hindurchzugehen, so daß nichts unentdeckt bleibt. Dann kann man eine vollkommene Übersicht über das Ganze gewinnen, so wie vom Flugzeug aus die gesamte Landschaft, alle Bäume, Straßen, überhaupt alles aufgenommen werden kann. Und man kann nicht vorgeben, irgendetwas nicht zu sehen.

Auch Angst und Erwartung müssen betrachtet werden. Hat man Todesangst, muß man diese untersuchen. Fühlt man sich beschwert von einem hässlichen Wesenszug oder von einer Unfähigkeit oder physischen Schwäche irgendwelcher Art, dann prüft man diese gleichermaßen. Man sollte auch das eigene Vorstellungsbild von sich selbst erforschen und alles, was Unbehagen auslöst. Zuerst ist dies sehr schmerzhaft – wie Brahmas Zusammenbruch zeigt. Aber es ist die einzige Möglichkeit. Manchmal berührt uns eine sehr schmerzhafte Stelle, in die hineinzublicken man sich fast scheut. Dennoch muß man irgendwie da hindurchgehen. Wenn man in den schmerzenden Punkt eindringt, erlangt man schließlich wahre Selbstbeherrschung und zum ersten Mal eine durchdringende Kenntnis seiner selbst. Bisher haben wir die negativen Aspekte dargelegt und wahrscheinlich auch die positive Seite ein wenig kennengelernt. Wir haben aber noch immer nichts erreicht und nur mit der grundlegenden Sammlung des Düngers begonnen. Jetzt müssen wir erforschen, wie er anzuwenden ist.[33]

Die Weisheit der Unvollkommenheit

Ohne daß es bemerkt wird, spielt das Ideal der Vollkommenheit bei vielen Menschen, die sich auf einem spirituellen Weg zu befinden glauben, oftmals eine fatale Rolle. Es drängt dazu, ein Leben in Vollkommenheit zu führen und alles, was dem entgegensteht, zu verdrängen. Im Versuch sich mit Gewalt ständig zu verbessern, drehen sich solche Menschen fortwährend im Kreis, bis sie schließlich realisieren, daß gerade das Bestreben, immer besser zu werden, das eigentliche Problem ist. Der Weg zur Ganzheit oder wahren Natur führt das Ego schließlich zur Erkenntnis, daß es diesen Vollkommenheitswahn aufgeben muß, um einfach sich und die Welt so anzunehmen, wie sie sind. Sonst führt dieser endlose Versuch in immer neue „work shops" und therapeutische Techniken, ohne je wirklich die Lösung zu finden. Diese bestünde in der Schaffung eines inneren Umfelds aus Liebe und Mitgefühl, die den Menschen in seiner leidvollen Selbst-Identität umarmen, ohne zu verurteilen. Dieses Mitgefühl erlaubt uns so zu sein, wie wir sind, ohne destruktive Schuldgefühle und Selbstkritik. Dies erlaubt uns dann auch, unseren Fehlern oder dem Schatten mit immer mehr Akzeptanz, Leichtigkeit und Humor zu begegnen. So wächst dann unser Mitgefühl für unseren Dunklen Bruder, was uns dann erlaubt, auch den Mitmenschen so zu belassen, wie er ist mit seinen Fehlern und Problemen, aber auch seinen einzigartigen Qualitäten und Gaben. In seinen Traumseminaren erzählt Jung dazu folgende Geschichte:

Es gibt eine ebenso schöne wie boshafte jüdische Legende über den bösen Dämon ‚Leidenschaft'. Ein sehr frommer und weiser Mann, den Gott liebte, weil er so gut war, und der viel über das Leben nachgedacht hatte, kam zu dem Schluß, daß alle Übel der Menschheit vom Dämon der Leidenschaft herrühren. So warf er sich vor dem Herrn nieder und flehte ihn an, den bösen Geist der Leidenschaft aus der Welt zu entfernen, und da er ein so frommer alter Mann war, tat ihm der Herr den Gefallen. Und wie immer, wenn er eine große Tat vollbracht hatte, war der fromme Mann sehr glücklich, und an diesem Abend ging er wie üblich in seinen schönen Rosengarten, um den Duft der Rosen zu genießen. Der Garten sah aus wie immer, aber irgend etwas stimmte nicht, der Duft war nicht genau derselbe, etwas fehlte, irgend eine Substanz ging ab, es war wie Brot ohne Salz. Er dachte, er sei vielleicht müde, deshalb nahm er seinen goldenen Becher und füllte ihn mit wunderbarem altem Wein aus seinem Keller, der ihn noch nie enttäuscht hatte. Aber diesmal schmeckte er schal. Dieser weise Mann hatte in seinem Harem eine sehr schöne junge Frau, und seine letzte Enttäuschung erlebte er, als er sie küßte und der Kuss wie der Wein und der Duft schal schmeckte! Also stieg er wieder auf das Dach hinauf und sagte dem Herrn, wie traurig er sei, und daß er fürchte, er habe mit seiner Bitte, den Geist der Leidenschaft zu verbannen, einen Fehler gemacht, und er flehte ihn an: ‚Könntest du nicht den bösen Geist der Leidenschaft wieder zurückschicken?' Und da er ein sehr frommer Mann war, tat Gott, worum er ihn gebeten hatte. Dann probierte er alles wieder, und wunderbarerweise waren alle Reize zurückgekehrt – die Rosen dufteten herrlich, der Wein schmeckte köstlich und der Kuss seiner Frau war berauschender als je zuvor! Diese Geschichte sollte uns klarmachen, daß wir der Welt etwas wegnehmen, wenn wir gegen die ewigen Gesetze des Uralten verstoßen, seien sie nun vernünftig oder nicht.[34]

Um die Relativität von Gut und Böse geht es auch in einem Gleichnis des Sufi-Meisters Attar (gest. 1220). Er sagt: „Was ist Dankbarkeit? Sich die Rose im Dorn vorzustellen! Denn wer tiefer blickt, weiß, daß aus dem Negativen etwas Positives wachsen kann, und erkennt, daß auch die scheinbar abstoßende Dornenhecke eines Tages zum Rosenhag werden kann, sind doch Rosen und Dornen Teil des gleichen Strauches und manifestieren zusammen die doppelseitige Wirkkraft Gottes, seine Schönheit und Majestät."

Auch der Chassidismus geht von ähnlichen Überlegungen aus. Dieser wird allgemein als eine jüdisch-geistige Erneuerungsbewegung bezeichnet. Chassid (Mehrzahl Chassidim) ist wörtlich übersetzt ein Frommer. Als Gründer des Chassidismus gilt Rabbi Israel ben Elieser, genannt Baal-Schem-Tow (1700-1760). Seine Lehre geht von dem Gedanken aus, daß Gott eins sei mit seiner Schöpfung. Da Gott nicht das Gute und das Böse darstellt, gebe es kein absolut Böses und die Lüge trage die Wurzel für eine künftige Wahrheit. Der Mensch werde sich durch das Gute, das im Bösen eingeschlossen sei, wandeln. Aus diesem Umkreis stammt folgende Geschichte:

Eine chassidische Gemeinde führte ein Gott gefälliges Leben und alle lebten im Frieden zusammen mit ihrem Rabbi und waren glücklich, bis sich eines Tages ein verkommenes Subjekt in ihrem Dorf niederließ. Und weil dieses viele Untaten beging, entstand immer mehr Unfrieden und Streit. Schließlich beschlossen sie, ihren Rabbi zu bitten, etwas zu tun, damit dieser Mensch das Dorf wieder verlasse. Der Rabbi hörte sie an und versicherte ihnen, er werde etwas unternehmen. Er machte sich auf den Weg zu diesem Bösewicht, warf sich vor ihm nieder und sagte zu ihm: „Wie beneide ich dich um deine Verworfenheit. Wie groß wird deine Heiligkeit sein, wenn einmal der Tag der Umkehr kommt."

Die neue Ethik orientiert sich also nicht mehr an dem Ideal der Vollkommenheit, sondern an jenem der Ganzheit. Diese neue Ausrichtung wurzelt in der Einsicht und Anerkennung einer grundsätzlichen Dualität des menschlichen Wesens. Da die Qualität dieser Befindlichkeit Leiden ist, muß die Lösung oder Erlösung in einem Dritten liegen. Jung nennt dieses Dritte das *Selbst*, als Archetyp der Ganzheit, in welcher die Dualität aufgehoben ist. Jung hat diese Problematik insbesondere in seinem Alterswerk *Mysterium Coniunctionis* behandelt.[35] Dieser Weg orientiert sich aber nicht mehr an bestehenden Werten. Er ist vielmehr ein Prozeß einer sorgfältigen Beobachtung und Anerkennung der seelischen Wirklichkeit in ihrer hellen und dunklen Seite. Es ist ein „mittlerer Weg", auf dem sich jetzt die Entwicklung der Persönlichkeit vollzieht, die frei ist von dogmatischen Identifikationen mit dem „Guten" bzw. Ablehnung des „Bösen". Wie Neumann sagt, ist ein solcher Mensch frei vom nur „Gut" oder nur „Böse"-Sein und in gleicher Weise frei sowohl von einer nur rationalistischen Bewußtseinshaltung, wie auch von der eines prinzipiellen Irrationalismus. Damit wird der Mensch aber auch frei von einer katastrophalen Dialektik, in der immer wieder eine einseitige Position durch eine ebenso einseitige Gegenposition gewaltsam abgelöst wird.

Für die Menschen auf der Schwelle zum dritten Jahrtausend ist die Grundlage der neuen Ethik also nicht mehr eine auf moralischen Kriterien beruhende Bejahung des Guten und Verwerfung des Bösen. Für die neue Ethik ist die Dualität von Gut und Böse vielmehr ein energetisches Problem, dessen Lösung die Verwandlung und nicht die Verwerfung des Negativen ist. Das letztliche Ziel dieses Wandlungsprozesses ist eine kontinuierliche Entspannung der Gegensätze bis zur Verschmelzung in einem Dritten, dem attributlosen *Selbst*. Für die neue Ethik ist das, was zu diesem *Selbst* führt, gut, was zur Spaltung führt, böse. Dieser Prozeß lebt von der Spannung der Gegensatzpaare, mögen diese Gegensätze gut – böse, männlich – weiblich, bewußt – unbewußt oder wie auch immer heißen. Symbol der übergeordneten Einheit in der dualen Spannung ist im Individuationsprozeß der Kreis, das Mandala als Ausdruck der angestrebten Ganzheit. Den Begriff *Selbst* hat Jung seiner inneren Bedeutung nach vom Osten übernommen, indem er ausdrücklich auf die Parallele zum östlichen Atman hinweist: „Bei diesem Begriff muß auf den indischen Atman hingewiesen werden, dessen Phänomenologie, nämlich dessen persönliche kosmische Existenz, eine genaue Parallele zum psychologischen Begriff des *Selbst* und des *filius philosophorum* ist: das *Selbst* ist Ich und Nicht-ich, subjektiv und objektiv, individuell und kollektiv. Es ist als Inbegriff der totalen Gegensatzvereinigung das vereinigende Symbol."[36]

Der Traum als Freund und Helfer

Eine zweite Möglichkeit, sich unseres Schattens bewußt zu werden, sind die Träume und deren Analyse. Es gehört zu den besonderen Schwierigkeiten der Traumanalyse, das Traumgeschehen auf der richtigen Ebene zu deuten. Träume, die im Zusammenhang mit dem Individuationsprozeß auftreten, sind meistens subjektstufig, d. h. als innere Wirklichkeit zu deuten. Es kommt aber immer wieder vor, daß ein solcher Traum gleichzeitig auch objektstufige Bedeutung hat, eine Erscheinung, die Jung als Synchronizität bezeichnet hat, als ein sinnvolles und gleichzeitiges Zusammenfallen der inneren und äußeren Wirklichkeit. Was die Träume uns zu sagen haben, ist ganz ohne jeden Zweifel in jedem Lebensabschnitt von großer Wichtigkeit. Oft hängt unser psychisches und oft auch körperliches Wohlbefinden davon ab, ob wir diese Sprache verstehen und ihre Botschaften beachten. Von besonderer Wichtigkeit ist diese Sprache der Träume in dem Prozeß, den Jung als „Individuation“ bezeichnet hat. Allgemein betrachtet ist dieser Prozeß eigentlich ein spontaner, natürlicher und autonomer, jedem Menschen potentiell mitgegebener Ablauf innerhalb der Psyche, auch wenn sich der betroffene Mensch dessen gar nicht bewußt ist. Sofern er nicht durch irgendwelche Gründe gehemmt oder gestört wird, ist er als ein Reifungs- bzw. Entfaltungsprozeß eine Parallele zum physischen Wachstum- und Alterungsprozeß des Körpers. Dieser innere psychische Prozeß kann aber intensiviert, bewußt gemacht, bewußt erlebt und verarbeitet werden, so z. B. in einer Analyse oder aber auch – wie das heute oft der Fall ist – in spirituellen Bewegungen (z. B. auch in der Begegnung mit einem spirituellen Meister). Der Weg, der da beschritten wird, führt zum innersten Kern des Menschen, zum *Selbst*. Dieser Weg ist aber nicht für jedermann bestimmt und auch nicht ungefährlich und bedarf darum der Kontrolle durch einen Partner, einen spirituellen Führer, einen Analytiker oder wen immer das Schicksal uns in diesem Prozeß auf den Weg stellt.

In diesem Individuationsprozeß genannten Vorgang unterscheidet Jung zwei große Abschnitte: jenen der ersten und jenen der zweiten Lebenshälfte. Die Aufgabe der ersten Lebenshälfte bezeichnet Jolande Jacobi als „Initiation in die äußere Wirklichkeit“ mit der Aufgabe der Bewältigung der vom realen Leben gestellten Aufgaben. Es geht dann um die Ablösung von Jugend und Eltern, um Beruf, Stärkung des Ichs usw. Diese Entwicklung ist mit dem abgeschlossen, was Jung die Herstellung der Persona nennt. Als Persona könnte man die persönliche Art bezeichnen, wie wir uns der Gesellschaft gegenüber benehmen, welchen Eindruck wir auf diese machen wollen, sozusagen unsere „sunny side". Anderseits soll sie aber auch die wahre Natur des Individuums verdecken. Wenn wir eine nicht passende Persona haben, laufen wir im Traum vielleicht nicht oder ungenügend bekleidet herum. Ist die Anpassung an das äußere Leben erreicht – in der Regel ist dies in der Lebensmitte der Fall – führt eine zweite Initiation in die innere Wirklichkeit. Es ist die Bestimmung und die Möglichkeit, über die Stufen des ersten Lebensabschnittes hinauszugelangen. Nach Jung beginnt hier der eigentliche „Weg der Individuation", der Zeit seines Lebens sein besonderes Anliegen war. Allerdings ist zu sagen, daß heute immer öfter zu beobachten ist, daß beim jungen Menschen diese zwei Lebensetappen zusammenfallen, d. h. daß gleichzeitig mit der Anpassung an die äußere Welt auch der innere Weg begangen werden muß, was oft zu großen persönlichen Belastungen und Schwierigkeiten führen kann.

Ziel der Individuation ist nichts anderes, als das *Selbst* von falschen Hüllen und Vorstellungen zu befreien. Diese Befreiung beginnt meistens mit einem Zusammenbruch der bisherigen bewußten Einstellung, einem kleinen Weltuntergang, bei dem sich alles in ein Chaos zu kehren scheint. Wir träumen dann von Erdbeben, Überschwemmungen, Katastrophen u.a. In diesen Zeiten fühlt man sich ausgeliefert, desorientiert. Wie ein steuerloses Schiff, beschreibt Jung diesen Zustand. In Wirklichkeit ist man auf das kollektive Unbewußte zurückgefallen, das nunmehr die Führung übernimmt.

Als Folge dieses Zusammenbruchs der bisherigen bewußten Einstellung, das heißt nach Einsicht der Relativität der Persona bzw. des „Ego", führt dieser Weg notwendigerweise zu den Inhalten des persönlichen Unbewußten oder dem, was Jung den „Schatten" nennt. Das sind zunächst unangenehme und darum verdrängte Inhalte, die durch die Analyse aufgedeckt werden. Es kommen dann Minderwertigkeiten, Aggressionen, aber anderseits auch vieles, was wir hätten leben wollen oder sollen, aber nicht gelebt haben, zum Vorschein. Meistens aber erleben wir den Schatten nur in der Projektion, d. h. wir sehen uns in jemand anderem. In der Analyse begegnet uns der Schatten in unseren Träumen, z. B. einer ekelhaften Querulantin oder einem Verbrecher, welche man dann zu beseitigen versucht, aber das gelingt nicht. Der Verbrecher bleibt überlegen und unbesiegbar. Wir müssen ihn akzeptieren, leben lassen, d. h. uns der Tatsache unserer persönlichen Schattenseite bewußt werden. Zum Beispiel erzählte mir ein Analysand einmal folgenden Traum:

In einer Stadt hatte seit einiger Zeit ein Schwerverbrecher sein Unwesen getrieben und die Leute terrorisiert. Es gelang aber, ihn zu verhaften und vor Gericht zu stellen. Bevor aber der Richter sein Urteil bekannt geben konnte, schlug der Verbrecher seine Bewacher nieder und entfloh. Man fing ihn ein zweites Mal und ein drittes Mal ein, aber immer wieder gelang es ihm, vor dem Urteilsspruch zu entkommen. Nun hatte man ihn wieder einmal erwischt und wieder vor Gericht gestellt. Um eine weitere Flucht zu verhindern, umwickelte man ihn von Kopf bis Fuß mit Stacheldraht und der Richter konnte ihn erstmals verurteilen. Das Urteil lautete: Tod durch versenken im Meer, wo es am tiefsten ist.

Der Mann wurde nun auf einem Schiff aufs Meer hinaus geführt bis zur Stelle, wo es am tiefsten war. Dort warf man ihn – immer noch mit Stacheldraht gefesselt – über Bord, und er verschwand wie ein Stein im Wasser. Das Schiff nahm Kurs zurück in die Stadt. Die Leute an Bord freuten sich, diesen Verbrecher losgeworden zu sein, aßen und tranken, sangen und tanzten. Plötzlich sah jemand etwas im Wasser schwimmen. Es war der Verbrecher, der schneller schwamm, als das Schiff fuhr. Er winkte den Leuten zu und rief, er kehre in die Stadt zurück, um diese zu terrorisieren.

Welches ist die Botschaft dieses Traumes? Ohne Zweifel wollte er dem Träumer beibringen, daß der Schatten nicht vernichtet werden kann, auch wenn es gelingt, ihn im Meer zu versenken, d. h. ins Unbewußte zu verdrängen. Er soll versuchen, in eine neue Beziehung zu seinem Dunklen Bruder zu treten, d. h. ihn mitfühlend zuzulassen. Die liebevolle Umarmung des Schinders in ihm wird dann auch zu dessen Wandlung führen.

Eigentlich träumen wir Tag und Nacht. Unser Unbewußtes ist ständig damit beschäftigt, unser individuelles Lebensmuster weiterzuweben. Der Grund, warum wir bei Bewußtsein keine Träume wahrnehmen, ist derselbe, weshalb wir bei Tag die Sterne nicht mehr sehen. Die Sonne, d. h. unser Bewußtsein, ist zu hell. Auf Grund der Erfahrungen der Tiefenpsychologie wissen wir heute, daß wir die sich in Träumen ausdrückende Tätigkeit des Unbewußten ernst nehmen müssen. Es sind Botschaften von der „anderen Seite", oder, wie Stanford es bezeichnete, die „vergessene Sprache Gottes". Doch diese Botschaften werden leicht übersehen und mißverstanden, obschon sie vielleicht für unser Leben und Sterben von großer Bedeutung sein können. Träume sind oft schicksalbestimmend. Wie wir gesehen haben, können sie warnen, kompensieren, ergänzen, einen neuen Lebensabschnitt ankündigen usw. Sie können aber auch auf den bevorstehenden eigenen Tod hinweisen. Solche Träume sprechen allerdings selten explizit vom Tod. Sie sprechen zu uns oft in Symbolen, die uns für dieses neben der Geburt zentrale Ereignis vorbereiten und orientieren wollen.

Ich möchte dies am Beispiel einer Traumserie einer 86-jährigen Frau illustrieren, die von sich sagte, sie habe sich Zeit ihres Lebens nie an einen Traum erinnern können. Auch war sie in ihrem Leben nie schwer erkrankt. Nun wurde sie zum ersten Mal, wie man sagt, „todkrank". Sie wurde zum Pflegefall, was bei ihr Protest und Aggressionen, aber auch Ängste auslöste. In dieser für sie äußerst schwierigen Zeit stellten sich nun in kurzen Abständen insgesamt fünf Träume ein:

Im *ersten Traum* befand sie sich in einem großen Flugzeug, das westwärts über die Insel Lanzarote flog, die Insel aus schwarzem vulkanischem Gestein. Eine Stimme sagte zu ihr, wenn sie hier lande, würde sie sterben.

Der *zweite Traum* führte sie in den Süden, nach Italien, zu Franz von Assisi. Sie war hungrig und der Heilige gab ihr Brot, um ihren Hunger zu stillen (Die Träumerin war reformiert!).

Der *dritte Traum* führte sie nach Norden, nach Karelien, ans Eismeer, wo sie einsam war und an großer Kälte litt.

Im *vierten Traum* befand sie sich im japanischen Kaiserhaus, wo sie der Kaiserin Michiko begegnete.

Schließlich kam der *fünfte Traum*. Sie befand sich am Bodensee. Im Hafen lag ein schneeweißes Schiff vor Anker. Von diesem führte eine große, mit einem roten Teppich ausgelegte Treppe zu ihr hinunter. Zuoberst auf der Treppe stand der Kapitän in eine weiße Uniform gekleidet. Er erwartete sie mit einem riesigen Strauß weißer und roter Rosen, um sie ans andere Ufer hinüber zu fahren.

In der Alchemie symbolisieren rot und weiß die hochzeitlichen Farben, bzw. die Farben der Todeshochzeit. Die mystische Rose bedeutet auch Wiedergeburt des Geistes nach Tod des Zeitlichen – im Abendland nimmt die Rose den Platz ein, den im Osten der Lotus hat. Rose und Lotus sind Symbole des *Selbst* im Jungschen Sinn, das geistige Zentrum des Menschen oder seine wahre Natur. Wer diese findet, ist erlöst.

Nach diesem letzten Traum war jede Angst, Spannung und Auflehnung gegen ihr Schicksal von ihr gewichen. Aus ihren Augen strahlte ein innerer Frieden und ein paar Tage später ist sie sanft entschlafen.

Die meisten Menschen leben körperidentisch, d. h. ihrer wahren Natur unbewußt. Mit dem Verfall des Körpers verliert der Sterbende zunehmend eine Struktur, die dem Ich bisher ein Identitätsgefühl bzw. Halt und Orientierung vermittelte. Mit dem Verlust seines Körpers fällt das Ich eines jeden Menschen, sobald es sich im „Bardo" – im tibetischen Denken der Zwischenzustand zwischen Tod und Wiedergeburt – befindet, in eine Orientierungslosigkeit. Wie es im *Tibetischen Totenbuch* heißt, wird der Verstorbene durch die karmischen Winde (Energien) herumgewirbelt wie ein dürres Blatt im Herbstwind. Angst und Verzweiflung sind die Folge.

Bei vielen Menschen bereitet das Unbewußte bereits vor oder während des Sterbeprozesses eine neue psychisch-geistige Struktur vor, die dem Verstorbenen im Bardo Vertrauen, Halt und Orientierung vermitteln sollen. Dies ist bei unserer Träumerin der Fall gewesen. Der Traum führte sie in die vier Himmelsrichtungen, nämlich Westen, Süden, Norden und Osten, um schließlich von einem fünften, zentralen Punkt aus die Reise ans andere Ufer zu beginnen.

Nun entsprechen die vier Himmelsrichtungen auch den vier Grundfunktionen des Menschen, nämlich der Empfindung, dem Gefühl, dem Denken und der Intuition. Im tibetischen Mandala entsprechen die vier Himmelsrichtungen auch den vier Grundfarben, welche psychischen Qualitäten, d. h. den vier Grundfunktionen entsprechen. Mandala bedeutet im tibetischen „Schützender Kreis", in welchem vier Tore zum Zentrum und damit zur Erlösung oder Befreiung führen sollen. Aus psychologischer Sicht hat das Mandala auch den Zweck, eine Dissoziation der Persönlichkeit im Nachtodzustand zu verhindern. Ziel der Reise im Bardo ist der Kern des Mandalas, das „weiße Licht" oder das *Selbst*.

Zur Bedeutung der Träume in der Analyse präzisierte C. G. Jung Folgendes: „Wenn aber die Träume so wesentliche Kompensationen hervorbringen, warum sind sie dann nicht verständlich? Diese Frage wurde mir oft gestellt. Darauf muß man antworten, daß der Traum ein Naturereignis ist und daß die Natur keinerlei Neigung bekundet, ihre Früchte gewissermaßen gratis und der menschlichen Erwartung entsprechend zur Verfügung zu stellen. Man wendet oft ein, daß die Kompensation ja unwirksam sei, wenn der Traum nicht verstanden wird. Das ist aber nicht so sicher, da ja vieles wirkt, ohne daß es verstanden wird. Zweifellos aber können wir durch das Verstehen die Wirkung beträchtlich steigern, was oft notwendig ist, weil das Unbewußte überhört werden kann. Quod natura relinquit imperfectum, ars perficit! (Was die Natur unvollendet ließ, vollendet die Kunst!) lautet ein alchemistischer Ausspruch."[37]

Der Weg der Verlorenheit und Heimkehr

Eine Analogie zum Jungschen Individuationsweg finden wir in der indischen Philosophie des kashmirischen Shaivismus. Wie der Individuationsweg Jungs schreibt dieser keine undurchführbaren Disziplinen vor. Er fordert keinen Verzicht auf Haus und Herd und Freunde, um als Bettler wie die Sanyasin oder buddhistische Mönche auf Wanderschaft zu gehen, noch fordert er Kasteiungen und Buße in Wäldern und Einsiedeleien. Er empfiehlt keine Praktiken, welche Emotionen und Instinkte, oder, im Jungschen Sinn, den Schatten, unterdrücken. Eine gewaltsame Kontrolle von Körper und Geist betrachtet diese Philosophie als psychologisch ungesund und in der Praxis als leidvoll und gefährlich.

Um das höchste Lebensziel zu erreichen, im Sinne Jungs die Vereinigung der Gegensätze im *Selbst*, lehren sie einen Pfad, der auch schon von Vertretern der modernen Psychologie Zustimmung gefunden hat. Sie betrachten die individuelle Seele als einen zeitgebundenen Aspekt Gottes. Die individuellen Seelen sind darum mit Gott, bzw. mit dem *Selbst* als ihrer wahren Natur, identisch. Die individualisierte, d. h. „aufgeteilte" Seele hat aber dieses Einheitsbewußtsein verloren und ist darum wie eine Welle, die nichts mehr vom Meer weiß. Verantwortlich dafür ist, wie übrigens auch im Buddhismus, die Unwissenheit. Ziel ist es, dem Individuum den Weg zur Erlösung aus diesem Zustand zu ermöglichen.

Solange wir unsere wahre Natur oder das *Selbst* nicht erkennen und nicht darin aufgehen, sind wir ruhelos und leiden und bleiben Gefangene des Prozesses von Werden und Vergehen. Wir müssen also zurück nach Hause zur Quelle, zum *Selbst*. Der Grund, warum die Seele ihre Identität mit dem *Selbst* nicht erkennt, ist „mala“, d. h. Unreinheit, Flecken, Staub, Dreck oder im Jungschen Sinn der Schatten als Hüter der Schwelle. Dessen Wandlung ist der Schlüssel auf dem Weg aus der Verlorenheit in die Heimkehr oder zum *Selbst*.

Das letztliche Ziel dieses Wandlungsprozesses ist eine kontinuierliche Entspannung der Gegensätze bis zur Verschmelzung in einem Dritten, dem attributlosen *Selbst*. Dieser Prozeß lebt von der Spannung der Gegensatzpaare, mögen diese Gegensätze gut – böse, männlich – weiblich, bewußt – unbewußt oder wie auch immer heißen. Für die neue Ethik ist das, was zu diesem *Selbst* führt, gut, was zur Spaltung führt, böse. Symbol der übergeordneten Einheit in der dualen Spannung ist im Individuationsprozeß der Kreis, das Mandala als Ausdruck der angestrebten Ganzheit.

Auf diesem Weg der Vereinigung der Gegensätze wird nichts verneint, im Gegenteil wird alles, auch das negative Bewußtsein bzw. der Schatten, im *Selbst* verschmolzen. Auf dem Individuationsweg fangen wir daher, wenn wir vernünftig sind und in der Realität leben, immer bei den alltäglichen, banalen Begebenheiten und beim Praktischen und Konkreten an. Zuerst muß das Persönliche sich vollenden, damit der Prozeß des Unpersönlichen eingeleitet werden kann.

Das Ich des westlichen Menschen hat sich heute allerdings so stark mit diesen sogenannten Realitäten identifiziert, daß wir vergessen haben, daß dahinter das Unpersönliche steht. Vom Ganzen der Psyche aus gesehen findet unsere Wissenschaft in den Bedingtheiten des persönlichen Bewußtseins ihre Begrenzung. Der Individuationsweg ist ein Versuch, diese Begrenzungen vom Standpunkt des Absoluten zu sprengen und damit das persönliche Bewußtsein zu einem Überpersönlichen, Kosmischen und Transzendenten hin zu öffnen. Dies ist dem westlichen Menschen in der Regel nur unter bestimmten Vorbedingungen möglich, vor allem muß er fähig werden, die Relativität seiner Ich-Position einzusehen. Dies setzt aber bereits eine spirituelle Reife voraus, die Jung dem Westen heute im Prinzip noch abspricht. Mit dem Individuationsweg hat die Analytische Psychologie allerdings einen Brückenschlag zwischen unserer äußeren Realität und der inneren transzendenten Welt geschaffen. Und es gilt: der Weg dahin führt sowohl im Osten als auch im Westen über die Versöhnung mit dem Dunklen Bruder.

Jung sagt, daß über den Begriff des *Selbst* nur antinomische Aussagen erlaubt sind. Das *Selbst* ist per definitionem der Begriff einer umfänglicheren Wesenheit, als es die bewußte Persönlichkeit ist. Infolgedessen ist letztere nicht imstande, ein das *Selbst* umfassendes Urteil zu fällen, d. h. jedes Urteil und jede Aussage darüber ist unvollständig und muß daher durch eine bedingte Negation ergänzt (nicht aufgehoben) werden. Wenn wir daher sagen „das *Selbst* ist", so müssen wir ergänzen „und es ist, als ob es nicht wäre". Der Vollständigkeit halber könnte die Setzung auch umgekehrt werden: „Das Selbst *ist nicht*, und es ist zugleich, als ob es *wäre*".[38] Es ist einerseits immer und überall präsent, anderseits ist es auch die „schwer erreichbare Kostbarkeit". Die paradoxe Natur des *Selbst* wurde sehr schön auch vom Sufi-Mystiker Kabir in einem Gedicht ausgedrückt:

> Wie kann ich je
> das Geheime Wort aussprechen?
> Wie kann ich ja sagen
> er ist nicht dies,
> sondern das?
> Wenn ich sage, er ist in mir,
> dann ist das All beschämt,
> Wenn ich sage, er ist außer mir,
> dann ist es Lüge.
> Er vereint die inneren und die äußeren Welten
> zu einer einzigen unteilbaren.
> Das Bewußte und das Unbewußte
> sind beides Schemel seiner Füße.
> Er ist weder offenbar, noch verborgen,
> nicht enthüllt, noch verhüllt:
> Es gibt keine Worte, die aussprechen könnten, was er ist.

Auch wenn die wahre Natur des *Selbst* nicht direkt beschrieben werden kann, so bedeutet das nicht, daß wir nicht zumindest versuchen sollten, ein gewisses theoretisches Verständnis von ihm zu entwickeln. Auch ein begrenztes Verständnis ist wenigstens ein Wegweiser, der den Weg zur direkten Erfahrung aufzeigt. Am Besten läßt es sich mit Hilfe von Geschichten und Metaphern erklären, z. B. mit der Geschichte vom mit Schlamm und Schmutz bedeckten Goldklumpen: Ein Mann entdeckt eines Tages in der Erde einen Metallklumpen. Er gräbt ein Loch, holt das Metall heraus, nimmt es mit nach Hause und fängt an, es zu säubern. Zunächst enthüllt sich nur ein Eckchen davon, glänzend und strahlend. Und während er den angesammelten Schlamm und Dreck nach und nach entfernt, offenbart sich der Klumpen immer mehr als reines Gold. Die Frage stellt sich: Was ist wertvoller, der im Schlamm begrabene oder der gereinigte Goldklumpen? Tatsächlich sind beide gleich wertvoll. Der Unterschied ist nur etwas Oberflächliches. Dasselbe gilt auch für den natürlichen Menschen. Es ist unsere dunkle Seite, die uns hindert, unsere wahre Natur, das Gold, in ihrem ganzheitlichen Glanz zu erkennen. Erinnern wir uns an den alchemistischen Satz: „wo Dreck, da Gold". Es ist unser Widerstand, sich mit unserer Schattenseite zu versöhnen, die uns daran hindert unserer wahren Natur näherzukommen, die nach allen Traditionen völlig frei von Leiden und mit vollkommenem Glück ausgestattet ist. Das Himmelreich ist ja bekanntlich in uns.

Was ist es aber, das uns immer wieder die Kraft gibt, sich mit unserer Schlamm- und Dreckseite auseinanderzusetzen? Nach Jung ist es ein Drang, nämlich der Drang nach Individuation, der uns immer wieder auf diesen Weg zurückführt, ein Weg voll schmutziger Arbeit, der – wie Lama Trungpa es ausdrückte – unhygienisch ist und stinkt. Dieser Drang ist das Heimweh nach unserer wahren Natur oder nach unserer Heimat, dem *Selbst*. Es ist im Sinn Jungs die transzendente Funktion, in der Symbolik der Sufis das „Sehnen nach dem Geliebten", in der christlichen Symbolik die Erwartung des Bräutigams, oder alchemistisch gesprochen, die *coniunctio* von Rex und Regina. Die Energie auf diesem Weg erfahren wir als Eros, als Anima oder Animus, oder als Sehnen, oder im Osten als das Erwachen der Kundalini.

Alchemie und Individuation

1938 unternahm Jung eine Indienreise, die er einer Einladung der Britisch-Indischen Regierung verdankte, an den Feierlichkeiten teilzunehmen, die anläßlich des 25-jährigen Jubiläums der Universität Calcutta stattfanden. Jung sagte, daß Indien ihn wie ein Traum berührt hat, denn, „ich war und blieb auf der Suche nach mir selber, nach der mir eigenen Wahrheit."[39] Er war in dieser Zeit in einer intensiven Beschäftigung mit der alchemistischen Philosophie, die ihn nicht mehr losließ. Auf dieser Reise hat er den ersten Band des *Theatrum Chemicum* von

1602 von Anfang bis Ende durchstudiert. Ureuropäisches Gedankengut wurde auf diese Weise in konstante Berührung gebracht mit den Eindrücken eines fremden Kulturgeistes. Beide erschufen ihm gleiche oder ähnliche, oder wenigstens vergleichbare Einsichten.

Eines der vielen Synonyme für Alchemie ist *heilige* oder *göttliche Kunst*. „Al“ oder „El“ bedeutet in den semitischen Sprachen „Gott“, „Al-Chemie“ könnte also mit „göttliche Chemie“ übersetzt werden. Gemäß einer anderen Deutung soll der Ausdruck *alchemia* über das arabische *al-kimya* aus dem altägyptischen *kemé* herstammen, und auf die „schwarze Erde“ hinweisen, die ein Sinnbild für die *prima materia* der Alchemisten sein könnte. Möglich ist auch, daß der Ausdruck vom griechischen *chyma*, das „schmelzen“ oder „gießen“ bedeutet, herkommt.

Der Begriff „Individuationsprozeß“ einerseits und die Alchemie andererseits scheinen weit auseinander zu liegen, so daß es der Phantasie zunächst unmöglich vorkommt, sich eine dazwischen liegende Brücke vorzustellen. Für Jung ist diese Brücke im analytischen Prozeß zu finden, d. h. in der dialektischen Auseinandersetzung zwischen dem Bewußtsein und dem Unbewußten. Gleich zu Beginn des alchemistischen *opus* begegnet man dem „Drachen“, dem chthonischen Geist, dem Teufel oder – im alchemistischen Sinn – der „Schwärzung“, der *nigredo*.[40] Darauf folgt die „Morgendämmerung“ (*aurora*) worauf ein neuer Tag anbricht, die *leukosis* oder *albedo* (Weißung), eine Art Idealzustand. Um ihn mit Leben zu erfüllen, braucht es „Blut“, d. h. das, was die Alchemisten *rubedo* nennen, die „Röte“ des Lebens. Diese „Rötung“ bedeutet die vollständige menschliche Erfahrung des Seins. Allein das Blut vermag das verklärte Bewußtsein wiederzubeleben, in welchem die letzte Spur der Schwärze aufgelöst worden ist, und in welchem der Teufel keine autonome Existenz mehr führen kann, sondern mit der grundlegenden Einheit der Seele wieder verbunden ist. So vollendet sich dann das *opus magnum* der Alchemisten.[41]

Abb. 2: Die *coniunctio* im alchemistischen Gefäß.

Demnach hat das alchemistische *opus* die Stufen: *nigredo*, *albedo* und *rubedo*, das Schwärzen, das Weißen und das Röten. Die vorliegende Untersuchung befaßt sich in erster Linie mit der ersten der drei, der *nigredo*, das heißt der Schwärzung

Psychologisch ausgedrückt verweist die Schwärze auf den Schatten und auf die Notwendigkeit, sich dessen bewußt zu werden, denn „die Schwärze ist ein Anfang der Weiße". Nach dem Gesetz der Gegensätze konstelliert ein starkes Bewußtsein einer Seite ihr Gegenteil. Aus der Finsternis wird das Licht geboren, Träume, welche die *nigredo* oder Schwärze betonen, treten oft dann auf, wenn das bewußte Ich einseitig mit dem Hellen identifiziert ist. Es sind Träume, die oft von Kot, Ausscheidungen, verwahrlosten und überlaufenden Toiletten usw. handeln. Alchemistisch ist dies der *odor sepulchrorum* (der Gestank der Gräber) oder die *putrefactio* (Faulung) als ein weiteres Synonym. In einem alchemistischen Text heißt es: „Wisset, ihr Söhne der Lehre, daß ihr das Zusammengesetzte 40 Tage lang faulen lassen müßt."[42] Durch die Symbolik der Zahl 40 verbindet diese Stelle die *putrefactio* mit dem Motiv der Wüste, ein häufiges Traummotiv. Die Israeliten wanderten 40 Jahre in der Wüste umher; Elija fastete 40 Tage lang in der Wüste, und Jesus wurde 40 Tage lang in der Wüste versucht. Es ist gleichzeitig eine Zeit der totalen Introversion oder – alchemistisch – der *melancholia*. Es ist dies auch eine Zeit der Inkubation oder Schwangerschaft. Wenn auch durch die Weisheit Gottes verursacht, ist die Schwärzung oder die Verfinsterung der Sonne oder des Bewußtseins doch eine furchterregende Erfahrung. Allerdings: „Die Furcht des Herrn ist der Anfang der Erkenntnis" (Spr. 1. 7). Es ist eine Zeit, in der die Träume von Tod und Beerdigung handeln. Psychologisch geht es um das bewußte Aushalten der Finsternis und des Konflikts der Gegensätze, nämlich Keimung und Verfall, in Dunkelheit übergehendes Licht, Tod und Wiedergeburt.

Am Anfang jeder geistigen Verwirklichung steht der Tod als ein Der-Welt-Absterben. Das Bewußtsein muß nach innen gekehrt werden, um dem inneren Licht näher zu kommen. Da dieses aber noch nicht aufgegangen ist, wird diese Abkehr von der Welt der Sinne als Dunkelheit der Schwärze, als eine *nox profunda* erlebt. In der christlichen Mystik wird auf diesen Zustand das Gleichnis vom Weizenkorn angewendet, das in der Erde allein bleiben und sterben muß, wenn es Frucht bringen soll. Im buddhistischen Sinn geht es hier um die Einsicht in die „nichtinhärente Existenz aller Phänomene"[43]. Dahinter steht die Erkenntnis des eigenen, unveränderlichen Wesens oder Shunyata, oder, im Jungschen Sinn, das *Selbst*, als Ziel des Individuationsprozesses. Das geschieht erst, nachdem er all das, was an ihm verweslich ist, aufgegeben hat, und dazu gehört nicht nur das Fleisch, sondern auch die mit der sinnlichen Erfahrung verquickte Seele. Dann ist der Adept „heimgekehrt", er ist am Ziel seines Opus angelangt, der *coniunctio oppositorum*, der Vereinigung der Gegensätze. Er hat das wahre Gold gefunden.

Sowohl im Jungschen als auch im alchemistischen Wandlungsweg ist die Versöhnung mit dem Schatten oder mit sich selbst, „so wie man ist", die Voraussetzung, damit das Opus oder der Wandlungsprozeß gelingt.

Im Sinn der *Tabula Smaragdina* kann der Mensch dann sagen: „Vollendet ist, was ich vom Werk der Sonne gesagt habe". – Werk der Sonne – *de operatione solis* meint, das wahre Gold, im Jungschen Sinn das *Selbst*, ist hergestellt.

Mit der Verwirklichung dieses *Selbst* tritt die *complexio oppositorum* des Gottesbildes in den Menschen ein, und zwar nicht als Einheit, sondern als Konflikt, indem sich die dunkle Hälfte des Bildes an der Vorstellung stößt, daß Gott nur „licht" sei. Jung sagt dazu wörtlich: „Dieser Vorgang ist es, der sich in unserer Zeit abspielt, ohne von den zuständigen Lehrern der Menschheit begriffen zu werden, obwohl es ihre Aufgabe wäre, diese Dinge zu erkennen. Man ist zwar überzeugt davon, daß wir an einer bedeutsamen Wende der Zeiten stehen, meint aber, sie sei durch Fission und Fusion des Atoms oder die Weltraumrakete herbeigeführt worden. Man übersieht, wie gewöhnlich, das, was gleichzeitig in der menschlichen Seele geschieht." Jung hat diese Gedanken vor mehr als fünfzig Jahren ausgesprochen. Es waren Andeutungen und Hinweise auf eine Erfahrung, für die er die westliche Gesellschaft damals noch nicht reif genug erachtete. Die apokalyptische Weltlage scheint aber heute immer mehr Menschen bereit zu machen, die Notwendigkeit einer „Umkehr" einzusehen und sich der Verwirklichung jener „Neuen Ethik" zuzuwenden, die den Menschen von der wahnhaften Vollkommenheit weg und hin zur menschlichen Ganzheit führen wird.

Schlußwort

Jung meint, es gäbe keinen Zweifel an der Tatsache, daß der Mensch im Ganzen genommen weniger gut ist, als er sich einbildet oder zu sein wünscht:

> Jedermann ist gefolgt von einem Schatten, und je weniger dieser im bewußten Leben des Individuums verkörpert ist, umso schwärzer und dichter ist er. Wenn eine Minderwertigkeit bewußt ist, hat man immer die Chance, sie zu korrigieren. Auch steht sie ständig in Berührung mit anderen Interessen, so daß sie stetig Modifikationen unterworfen ist. Aber wenn sie verdrängt und aus dem Bewußtsein isoliert ist, wird sie niemals korrigiert. Es besteht dann die Gefahr, daß in einem Augenblick der Unachtsamkeit das Verdrängte plötzlich ausbricht. Auf alle Fälle bildet es ein unbewußtes Hindernis, das die bestgemeinten Versuche zum Scheitern bringt.

Wir tragen unsere Vergangenheit mit uns, nämlich den primitiven und inferioren Menschen mit seinen Begehrlichkeiten und Emotionen, und wir können uns von dieser Last nur durch eine beträchtliche Anstrengung befreien. Wenn es zu einer Neurose kommt, haben wir es immer mit einem erheblich verstärkten Schatten zu tun. Und wenn ein solcher Fall geheilt werden soll, so muß ein Weg gefunden werden, auf welchem die bewußte Persönlichkeit und der Schatten zusammenleben können.

Das ist ein ernstes Problem für alle diejenigen, welche entweder selber in einer solch mißlichen Lage sind, oder welche Kranken zum normalen Leben helfen müssen. Eine bloße Unterdrückung des Schattens ist ebensowenig ein Heilmittel wie Enthauptung gegen Kopfschmerzen. Die Moral eines Menschen zu zerstören, hilft ebenfalls nicht, weil es sein besseres Selbst töten würde, ohne welches auch der Schatten keinen Sinn hat. Die Versöhnung dieser Gegensätze ist eines der wichtigsten Probleme, das selbst in der Antike einige Geister beschäftigte. (...) Insofern der somatisch gebundene Mensch, der ‚Widersacher', ja nichts anderes ist als der ‚andere in mir', so ist es unverkennbar, daß die karpokratianische Denkweise auf folgende Lesung von *Matthäus* 5, 22ff. hinausläuft: ‚Ich aber sage euch, daß wer sich selbst zürnt, der soll dem Gerichte verfallen sein; und wer irgend zu sich selber sagt: Raka, der soll dem Synedrium verfallen sein; und wer irgend sagt: Tor, der soll der Feuerhölle verfallen sein. Wenn du nun deine Gabe darbringst zum Altar und dich daselbst erinnerst, daß du etwas gegen dich selbst hast, so laß daselbst deine Gabe vor dem Altar und gehe hin und versöhne dich zuvor mit dir selber; und alsdann komme und bringe deine Gabe dar. Sei verträglich mit dir selber beizeiten, solange du noch mit dir auf dem Wege bist, daß nicht etwa du dich selber dem Richter überlieferst'.[44]

Dieser Problematik steht das nichtkanonische Herrenwort: „Wenn du weißt, was du tust, so bist du selig: wenn du aber nicht weißt, was du tust, so bist du verflucht" nicht allzu fern.

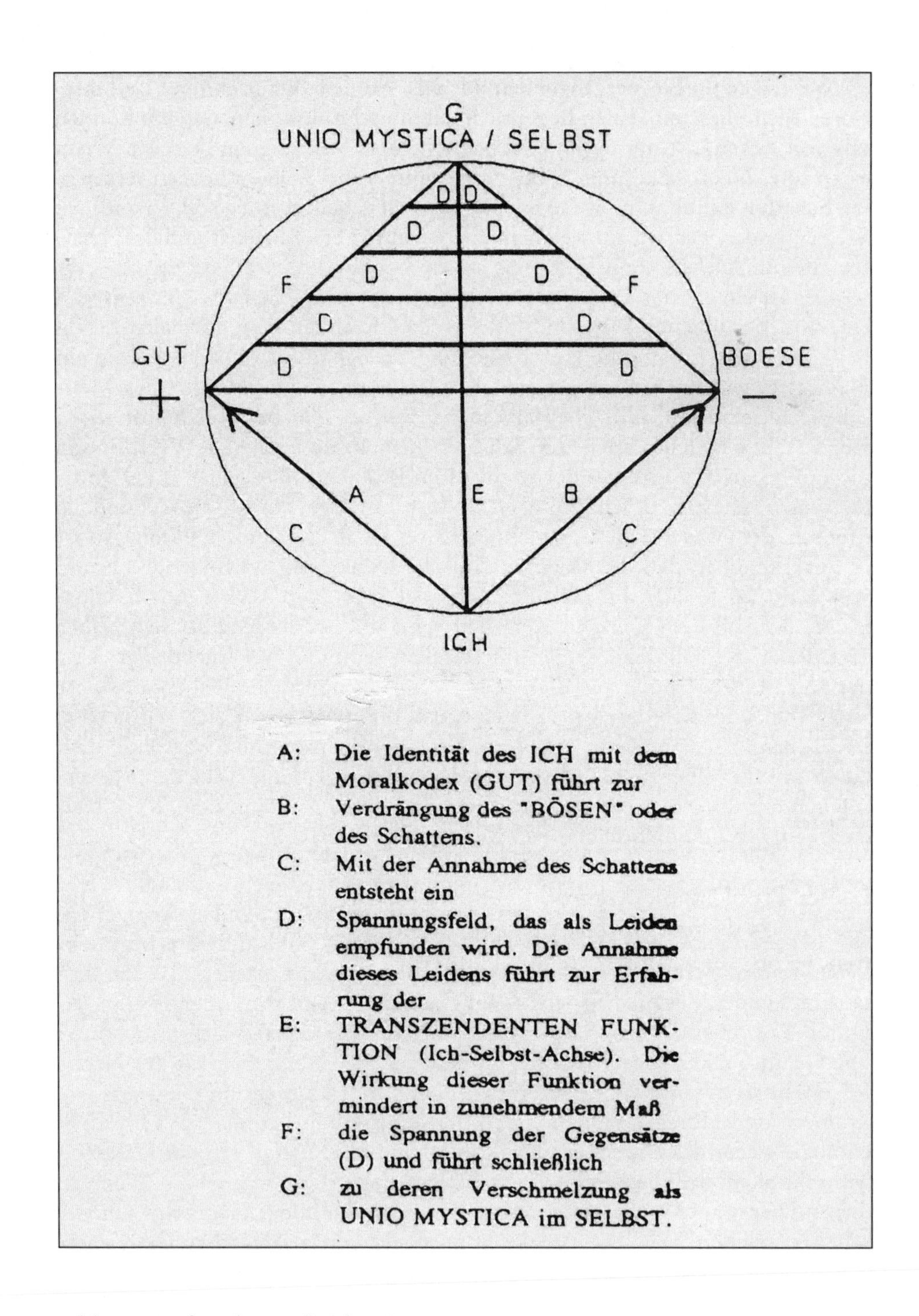

Abb. 3: Stufen des Individuationsprozesses.

Das Böse will ebensosehr erwogen sein wie das Gute; denn Gut und Böse sind schließlich nichts als ideelle Verlängerungen und Abstraktionen des Handelns, welche beide zur hell-dunkeln Erscheinung des Lebens gehören. Es gibt ja schließlich kein Gutes, aus dem nicht Übles, und kein Übel, aus dem nicht Gutes hervorgehen könnte. In diesem Sinne meint Jung:

Die Konfrontation mit der dunkeln Hälfte der Persönlichkeit, mit dem ‚Schatten', ergibt sich von selbst in jeder einigermaßen gründlichen Behandlung. Dieses Problem ist so wichtig wie das der Sünde in der Kirche. Der offene Konflikt ist unvermeidlich und peinlich. Ich bin schon oft gefragt worden: ‚Und was tun Sie damit?' Ich tue nichts; ich kann gar nichts tun, als mit einem gewissen Gottvertrauen abwarten, bis aus einem mit Geduld und Tapferkeit ertragenen Konflikt sich diejenige, von mir nicht vorauszusehende Lösung ergibt, welche diesem Menschen beschieden ist. Ich bin allerdings dabei nicht passiv oder untätig, sondern helfe dem Patienten, alle jene Dinge zu verstehen, welche das Unbewußte während der Dauer des Konfliktes produziert. Man darf es mir glauben, daß dies keine Gewöhnlichkeiten sind. Es gehört vielmehr zum Bedeutendsten, was mir jemals unter die Augen gekommen ist. Auch der Patient ist nicht untätig; denn er muß das Richtige tun, und zwar nach Kräften, um den Andrang des Bösen in sich nicht übermächtig werden zu lassen. Er braucht die ‚Rechtfertigung durch die Werke'; denn die ‚Rechtfertigung durch den Glauben' allein ist ihm leerer Schall geblieben, wie so vielen andern auch. *‚Glaube' kann Ersatz für mangelnde Erfahrung sein*. In diesen Fällen bedarf es darum des wirklichen Tuns. Christus hat sich des Sünders angenommen und ihn nicht verdammt. Die wahre Nachfolge Christi wird dasselbe tun, und da man dem andern nichts tun sollte, was man sich nicht selber täte, so wird man sich auch des Sünders annehmen, welcher man selber ist. Und sowenig man Christus anklagt, daß er mit dem Bösen fraternisiere, sowenig soll man sich den Vorwurf machen, daß die Liebe zum Sünder, der man selber ist, ein Freundschaftspakt mit dem Bösen sei. Durch Liebe bessert man, durch Haß verschlechtert man, auch sich selber. Die Gefährlichkeit dieser Auffassung fällt mit der Gefährlichkeit der Nachfolge Christi zusammen; der Gerechte aber wird sich nicht im Gespräch mit Zöllnern und Huren ertappen lassen. Ich muß schon betonen, daß die Psychologie weder das Christentum noch die ‚imitatio' Christi erfunden hat. Ich wünsche allen, daß die Kirche ihnen die Last ihrer Sünden abnehme. Wem sie diesen Dienst aber nicht leisten kann, der muß sich in der Nachfolge Christi sehr tief bücken, (...). Die Antike konnte sich mit griechischer Urweisheit behelfen: (...) (Nichts übertreiben; am rechten Maß liegt alles Gute.) Aber welcher Abgrund trennt uns noch von der Vernunft![45]

Epilog

Bei Gott ist Gnad und Zorn. Die Glut bringt beide für,
die um Ihn ist, gibt Tod; die in Ihm, Kraft und Zier.

Angelus Silesius

Anmerkungen

1. Jaffé, A. (Hrsg.): *Erinnerungen, Träume, Gedanken von C. G. Jung.* Walter-Verlag, Olten, 1987[5], S. 42.
2. Ebd., S. 44.
3. Ebd., S. 45.
4. Widengren, G.: *Das Prinzip des Bösen in den östlichen Religionen.* In: *Das Böse.* Rascher-Verlag, Zürich, 1961, S. 25.
5. Ebd., S. 39f.
6. Heiler, F.: *Die Religionen der Menschheit.* Reclam-Verlag, Stuttgart, 1980, S. 145.
7. Deschner, K.-H.: *Kriminalgeschichte des Christentums.* Rowohlt, Reinbek, 1994, S. 73ff.
8. Ebd., S. 87.
9. Jung, C. G.: *Antwort auf Hiob.* Rascher-Verlag, Zürich, 1952, S. 20.
10. Ausführlicher in das um 100 v. Chr. zu datierende *Buch Henoch.*
11. Böhme, J.: *Aurora oder Morgenröte im Aufgang.* Aurum, Freiburg, 1977, S. 135, Ziffer 15.
12. Angelus Silesius: *Der cherubinische Wandersmann.* Classen-Verlag, Zürich, 1946, S. 8.
13. Jung, C. G.: *Aion.* Rascher-Verlag, Zürich, 1955, S. 56ff.
14. Jung, C. G.: *Über das Selbst.* In: Eranos Jahrbuch, Bd. XVI, Rhein-Verlag, Zürich, 1949, S. 303ff.
15. Jung, C. G.: *Antwort auf Hiob,* S. 87f.
16. Evola, J.: *Revolte gegen die moderne Welt.* Ansata, Interlaken, 1982, S. 421.
17. Ebd.
18. Neumann, E.: *Tiefenpsychologie und neue Ethik.* Kindler-Verlag, München, 1964, S. 19ff.
19. Ebd., S. 38ff.
20. von Franz, M.-L.: *C. G. Jung.* Huber-Verlag, Frauenfeld, 1973, S. 211ff.
21. Jung, C. G.: *Aion. Beiträge zur Symbolik des Selbst. Gesammelte Werke, Band 9/II.* Walter-Verlag, Olten, 1989[7], § 97.
22. Siehe auch: Jung, C. G.: *Die Lebenswende. Gesammelte Werke, Band 8.* Walter-Verlag, Olten, 1987[15], § 755f.
23. Kohut, H.: *Narzismus.* Suhrkamp-Verlag, Frankfurt/Main, 1976, S. 129.
24. Neumann, E.: *Tiefenpsychologie und neue Ethik,* S. 17ff.

25. Siehe dazu: Schwery, W.: *Begegnung mit dem Schatten und „neue Ethik"*. In: Robrecht, J., Hippius-Gräfin Dürckheim, M., Arzt, Th.: *Der Mensch als Zeuge des Unendlichen. Karlfried Graf Dürckheim zum 100. Geburtstag.* Novalis-Verlag, Schaffhausen, 1996, S. 253-262.
26. Zitiert nach: Ottemann, Ch.: *Initiatisches Christentum. Karlfried Graf Dürckheims Lehre vom „initiatischen Weg" als Herausforderung an die evangelische Theologie*. Peter Lang, Bern und Frankfurt, 1990, S. 379f.
27. Tschögyam Trungpa: *Aktive Meditation*. Walter-Verlag, Olten, 1972, S. 33ff.
28. Jung, C. G.: *Briefe II*, 1946 – 1955. Walter-Verlag, Olten, 1989[3], S. 354.
29. *Römer, 7, 21.*
30. Jung, C. G.: *Über Gefühle und den Schatten*. Walter-Verlag, Olten, 1999, S. 64.
31. Jung, C. G.: *Kommentar zu „Das Geheimnis der Goldenen Blüte". Gesammelte Werke, Band 13*. Walter-Verlag, Olten, 1988[3], § 21-23.
32. Ebd. § 20.
33. Tschögyam Trungpa: *Aktive Meditation*, S. 41ff.
34. Jung, C. G.: *Traumanalyse*. Walter-Verlag, Olten, 1991, S. 106.
35. Siehe dazu: Jung, C. G.: *Mysterium Coniunctionis. Gesammelte Werke, Band 14/I*. Walter-Verlag, Olten, 1990[5], § 125, Ziffer 65.
36. Siehe dazu auch: Jung, C. G.: *Gut und Böse in der analytischen Psychologie. Gesammelte Werke, Band 10*. Walter-Verlag, Olten, 1991[4], § 873.
37. Jung, C. G.: *Die Dynamik des Unbewußten. Gesammelte Werke, Band 8*. Walter-Verlag, Olten, 1987[15], § 560.
38. Jung, C. G.: *Zur Psychologie westlicher und östlicher Religion. Gesammelte Werke, Band 11*. Walter-Verlag, Olten, 1988[5], § 399, Ziffer 150.
39. Jaffé, A. (Hrsg.): *Erinnerungen, Träume, Gedanken von C. G. Jung*, S. 278.
40. *C. G. Jung im Gespräch*. Daimon-Verlag, Zürich, 1986, S. 79.
41. Edinger, E.: *Der Weg der Seele*. Kösel-Verlag, München, 1990, S. 185.
42. Ebd., S. 189.

43. Geshe Thubten Ngawang: *Glücklicher leben - friedlicher sterben.* Dharma edition, Hamburg, 2000, S. 107f.
44. Jung, C. G.: *Zur Psychologie westlicher und östlicher Religion*, § 131ff.
45. Jung, C. G.: *Psychologie und Alchemie. Gesammelte Werke, Band 12.* Walter-Verlag, Olten, 1987[5], § 37.

Namen- und Sachregister

Herausgeber und Mitarbeiter

Arzt, Thomas, geb. 1955. Von 1974 bis 1980 Studium der Mathematik und Physik an der Universität Giessen; 1982 Diplom der Physik; von 1981 bis 1984 wissenschaftlicher Mitarbeiter in Giessen; 1986 Promotion in Giessen; von 1984 bis 1986 Forschungsstipendium an der Princeton University, New Jersey, USA; Arbeiten auf dem Gebiet der Atom-, Kern- und Plasmaphysik; ab 1987 Industrieforschung im Bereich der Festkörperphysik und der Informatik, später im Marketing tätig; seit 1999 Geschäftsführer eines Consulting-Unternehmens für Simulationstechnologie in Freiburg, seit 2005 Vorstand. 1988 Beginn des Studiums der Tiefenpsychologie nach C. G. Jung und therapeutische Ausbildung in der Schule für Initiatische Therapie der *Existentialpsychologischen Bildungs- und Begegnungsstätte* in Todtmoos-Rütte, seit 1994 dort Mitarbeiter von Maria Hippius-Gräfin Dürckheim. Als freier Publizist tätig. Buchveröffentlichungen: *Unus Mundus. Kosmos und Sympathie*, 1992 (hrsg. mit R. Dollinger und M. Hippius-Gräfin Dürckheim); *Philosophia Naturalis*, 1996 (hrsg. mit R. Dollinger und M. Hippius-Gräfin Dürckheim); *Der Mensch als Zeuge des Unendlichen*, 1996 (hrsg. mit J. Robrecht und M. Hippius-Gräfin Dürckheim), *Jung und Jünger*, 2001 (hrsg. mit K. Alex Müller und M. Hippius-Gräfin Dürckheim), *Wolfgang Pauli und der Geist der Materie*, 2002 (Hrsg.). Postadresse: Schloß-Urach-Str. 24, 79853 Lenzkirch/Hochschwarzwald.

Gaede, Friedrich, geb. 1937. Von 1956 – 1963 Studium der Fächer Philosophie- und Literaturgeschichte in Göttingen und Freiburg i. Br.; Promotion 1963; Lehrtätigkeit an der Dalhousie University, Canada; seit 1975 Full Professor, seit 1981 McCulloch-Professor; 1985 – 1998 gleichzeitig Adjunct Professor der Queen's University, Ontario; 1987/88 Gastprofessor der Universität Heidelberg. 1993 Konrad Adenauer–Forschungspreis des Bundeskanzlers der Bundesrepublik Deutschland (Alexander von Humboldt-Stiftung); seit 1995 Fellow of the Royal Society of Canada; seit 2000 Professor Emeritus; Schriften siehe „www.friedrichgaede.de“. Postadresse: Ochsengasse 12, 79108 Freiburg.

Holm, Axel, geb. 1957. Studium der Germanistik, Philosophie und Medizin an den Universitäten Hamburg und Giessen. Promotion in der Neurophysiologie. Nach Studium am C. G. Jung-Institut, Zürich, Psychoanalytiker in Klinik und eigener Praxis in Bonndorf/Hochschwarzwald. Buchveröffentlichungen: *Grenzgänger der Moderne, Ernst Jüngers Aufbruch zur Individuation,* 2003. Mitherausgeber der *Gorgo, Zeitschrift für archetypische Psychologie und bildhaftes Denken*. Postadresse: Schwalbenweg 18, 79848 Bonndorf/Hochschwarzwald.

Müller-Oerlinghausen, Bruno, geb. 1936 in Berlin. Studium der Medizin; 1968 Promotion über das *Problem des Exhibitionismus* an der Universität Freiburg; 1969 Habilitation für das Fach Pharmakologie/ Toxikologie an der Universität Göttingen; von 1969 bis 1971 als pharmakologischer Experte der Bundesregierung in Thailand, Aufbau eines Labors zur Untersuchung der traditionellen thailändischen Medizin. Ab 1971 klinisch-psychiatrische Weiterbildung an der Freien Universität Berlin; Aufbau und Leitung einer Spezialambulanz zur Langzeitbehandlung von Depressionen. 1975 bis 2001 C3-Professur für Klinische Psychopharmakologie an der FU Berlin. Forschungsschwerpunkt seit 1985: medikamentöse Suizidprävention; seit 1998 Forschungsarbeiten zur Wirksamkeit von Slow-Stroke-Massage bei Depressionen. Ca. 600 Publikationen, u. a. Arbeiten zur Methodik der Psychopharmakologie, zur Biologie der Depression und zur Medizinethik; Herausgeber und Mitherausgeber internationaler Fachzeitschriften; 2004 Forschungspreis der American Foundation for Suicide Prevention, New York; von 1994 bis 2006 Vorstandsvorsitzender der Arzneimittelkommission der deutschen Ärzteschaft; 2006 Verleihung der Ernst-von-Bergmann-Plakette durch den Präsidenten der Bundesärztekammer. Postadresse: Leistikowstr. 2., 14050 Berlin.

Schwery, Walter, geb. 1927 in Brig (Schweiz). 1967 und 1969 volks- und betriebswissenschaftliches Studium und Übernahme einer führenden Stellung in der Schweizerischen Bundesverwaltung. Ein persönlicher Kontakt in jungen Jahren mit C. G. Jung wurde zum Anstoß, 1970 ein Studium am C. G. Jung-Institut, Zürich, aufzunehmen. Seit dieser Zeit intensive Beschäftigung mit den mystischen Traditionen des Ostens und des Westens. Praxis als Analytischer Psychologe in Bremgarten/Bern. Buchveröffentlichungen: *Im Strom des Erwachens. Der Kundaliniweg der Siddhas und der Individuationsprozeß nach C. G. Jung*, 1988. Postadresse: Friedhagweg 23, 3047 Bremgarten/Bern, Schweiz.